Henriette Brandt

Die familienfreundliche Hochschule

Henriette Brandt

Die familienfreundliche Hochschule

Ein Konzept für eine gelungene Kinderbetreuung an der Hochschule

Tectum Verlag

Henriette Brandt

Die familienfreundliche Hochschule. Ein Konzept für eine gelungene Kinderbetreuung an der Hochschule

ISBN: 978-3-8288-3182-7

Umschlagabbildung: © Jack Simanzik (AllzweckJack) | photocase.com
Umschlaggestaltung: Heike Amthor | Tectum Verlag
Druck und Bindung: CPI buchbücher.de, Birkach
Printed in Germany

Besuchen Sie uns im Internet
www.tectum-verlag.de

Bibliografische Informationen der Deutschen Nationalbibliothek
Die Deutsche Nationalbibliothek verzeichnet diese Publikation in der Deutschen Nationalbibliografie; detaillierte bibliografische Angaben sind im Internet über http://dnb.ddb.de abrufbar.

Inhalt

1 Einleitung

Die Geburt von Kindern während des Studiums oder zu Beginn einer wissenschaftlichen Karriere gilt im Algemeinen als ungünstig und hinderlich. Studierende und Akademikerinnen schieben daher die Realisierung ihrer Kinderwünsche oft lange hinaus. Die Folge ist, dass die Geburtenrate bei Frauen mit hoher Bildungsaspiration gering und ihr Durchschnittsalter bei der Familiengründung vergleichsweise hoch ist.[1] Grund hierfür ist, dass es im Allgemeinen als schwierig gilt, Elternschaft mit einem Hochschulstudium bzw. mit einer wissenschaftlichen Karriere an einer Hochschule oder Universität[2] zu vereinbaren. Vor dem Hintergrund sich seit Langem verlängernder Bildungs- und Ausbildungszeiten erscheint es daher besonders wichtig, die Bedingungen für ein Studium oder eine wissenschaftliche Karriere mit Kind in den Blick zu nehmen und im Sinne einer besseren Vereinbarkeit zu beeinflussen.

Auch aus unternehmerischer Sicht hat dies für Hochschulen eine große Bedeutung. Der Konkurrenzkampf um die besten Köpfe ist insbesondere in Folge des Bologna-Prozesses in den letzten Jahren auf nationaler und internationaler Ebene gestiegen. Für die Gewinnung von Studierenden, Nachwuchswissenschaftler_innen und Professor_innen ist neben der fachlichen Profilierung der Hochschule auch die Vereinbarkeit von Familie und Studium bzw. Beruf wichtig. Hierzu gehören insbesondere spezifische Betreuungsmöglichkeiten für die Kinder von Hochschulangehörigen, die Thema der vorliegenden Arbeit sind. Das Ziel ist dabei, ein speziell auf die Bedürfnisse von Hochschulangehörigen[3] zugeschnittenes Betreuungsmodell zu konzipieren, welches gleichzeitig institutionellen und betriebswirtschaftlichen Interessen einer Hochschule gerecht wird.

Hierzu werden zunächst Nutzen und Vorteile familienfreundlicher Maßnahmen für Unternehmen im Allgemeinen und für Hochschulen im Besonderen dargestellt. Im dritten Kapitel werden Kriterien

---

1 Vgl. Auferkorte-Michaelis, N./Metz-Göckel, S./Wergen, J./Klein, A. 2005: Junge Elternschaft und Wissenschaftskarriere

2 Im Folgenden meint der Begriff Hochschule die Gesamtheit der Fachhochschulen, Hochschulen und Universitäten.

3 Unter diesem Begriff werden alle Angehörigen einer Hochschule – sowohl Studierende als auch Beschäftigte- verstanden.

erörtert, die für die Entwicklung eines hochschulspezifischen Betreuungsangebots wichtig sind. Dabei geht es um die Bedarfe der Hochschulangehörigen auf der einen und um die betriebswirtschaftlichen und institutionellen Interessen der Hochschule auf der anderen Seite. Anhand dieser Kriterien erfolgt im vierten Kapitel die eigentliche Konzeption eines solchen Betreuungsangebots. Den Schluss bilden eine Zusammenfassung der Ergebnisse sowie Handlungsempfehlungen und Ausblicke für die Praxis.

2 Familienfreundlichkeit als Attraktivitätsfaktor

Die Vereinbarkeit von Berufs- und Familienleben wird schon lange nicht mehr nur als individuelles Problem betrachtet, das nur den Familien selbst überlassen wird. Neben ethisch-moralischen und sozialpolitischen Aspekten von Familienfreundlichkeit gewinnen zunehmend auch ökonomische Gesichtspunkte an Bedeutung. Insbesondere in den letzten Jahren wurden die betriebswirtschaftlichen Nutzwerte familienfreundlicher Unternehmensführung und entsprechender Angebote für Organisationsmitglieder von immer mehr Unternehmen erkannt. Hierzu zählen Wirtschaftsunternehmen ebenso wie öffentliche Einrichtungen, insbesondere auch Hochschulen.

In den folgenden Abschnitten soll eben dieser wirtschaftliche Aspekt von Familienfreundlichkeit beleuchtet werden. Hierbei geht es zunächst um den betriebswirtschaftlichen Nutzen für Unternehmen im Allgemeinen, bevor der Fokus auf den Nutzen von Familienfreundlichkeit für Hochschulen im Besonderen gelenkt wird.

2.1 Betriebswirtschaftlicher Nutzen von Familienfreundlichkeit für Unternehmen

Wirtschaftsunternehmen haben in der Regel ein Hauptmotiv: Die Erhaltung oder Steigerung der Konkurrenzfähigkeit ihrer Produkte und Dienstleistungen (und damit des Unternehmens selbst) mit dem Ziel, ein bestmögliches betriebswirtschaftliches Gesamtergebnis zu bewirken. Um dies zu erreichen, ist es wichtig, genaue Kenntnis über die Wirkungszusammenhänge zu haben, die sich im Wertschöpfungsprozess ergeben, also bei der Umwandlung von Inputfaktoren (Rohstoffe, Kapital und Personal) in Outputs (Dienstleistungen und Produkte).

In diesem Zusammenhang spielt die Familienfreundlichkeit eines Unternehmens insofern eine wichtige Rolle, als sich auch das Wirkungsgefüge zwischen familienbewusster Personalpolitik und betriebswirtschaftlichem Erfolg als eine solche Input-Output-Logik interpretieren lässt.[4] Die Verbesserung der Bedingungen für eine gelungene Vereinbarkeit von Familie und Beruf bringt für Unternehmen nämlich potentiell auf zwei Seiten ökonomische Vorteile mit sich:

Auf der einen Seite geht es um die Beschäftigten, die durch eine verbesserte Übereinkunft von Privat- und Berufsleben entlastet werden, hierdurch kontinuierlichere Erwerbsbiografien entwickeln und bessere berufliche Entwicklungspotentiale erwirken können. Auf der anderen Seite geht es um die Unternehmen selbst, die durch verstärkt familienfreundliche Personalpolitik Kosteneinsparungen und Wettbewerbsvorteile erzielen. Letzteres konnte insbesondere in den letzten Jahren im Zuge verschiedener Studien nachgewiesen werden. Hierbei ist insbesondere eine 2003 vom BMFSFJ[5] in Auftrag gegebene Kosten-Nutzen-Analyse zu betriebswirtschaftlichen Effekten familienfreundlicher Maßnahmen zu nennen. Ebenso belegt dies eine 2004 vom BMFSFJ und dem ZDH[6] durchgeführte Untersuchung zu familienfreundlichen Maßnahmen im Handwerk sowie verschiedene von der berufundfamilie gGmbH herausgegebene Forschungsergebnisse zu diesem Themenfeld[7]. Diese bilden die Grundlage für die nun folgenden Erkenntnisse über betriebswirtschaftliche Potentiale familienfreundlicher Maßnahmen.

Untersucht wurden hierbei nicht nur Einspar- und Entwicklungspotentiale, die durch familienfreundliche Maßnahmen entstehen, sondern auch die verursachten Kosten bei *Nicht*beachtung der Vereinbarkeit durch einen Betrieb. Hierbei spielen der wirtschaftliche und gesellschaftliche Wandel und seine Auswirkungen auf den Arbeitsmarkt eine entscheidende Rolle. Eine dieser Auswirkungen ist ein zunehmender Fachkräftemangel, der sich in den nächsten Jahren noch verstärken wird: Schwächer werdende Bildungsexpansion und zahlenmäßig kleinere nachrückende Jahrgänge bedingen eine kontinuierliche Abnahme sowohl qualifizierter Fachkräfte mit (Fach-)Hochschulabschluss als auch beruflich qualifizierter Fach-

---

4 Vgl. berufundfamilie gGmbH 2008: Betriebswirtschaftliche Erfolge einer familienbewussten Personalpolitik, S. 2 und Schmitz, M. 2006: Familienfreundlichkeit als Unternehmensstrategie, S. 25, 39

5 Bundesministerium für Familie, Senioren, Frauen und Jugend

6 Zentralverband des deutschen Handwerks

7 Vgl. u.a. berufundfamilie gGmbH 2008: „Betriebswirtschaftliche Erfolge einer familienbewussten Personalpolitik" und „Mehr Erfolg durch mehr Familie"

kräfte.[8] In Zahlen ausgedrückt heißt dies, dass im Jahre 2015 beispielsweise nur noch 19% der Akademiker_innen und 31% der beruflich qualifizierten Fachkräfte unter 35 Jahre alt sein werden (1998 waren es noch 28% bzw. 36%).[9] Gleichzeitig steigt nach wie vor der Anteil der erwerbstätigen Frauen. Insbesondere nimmt der Anteil qualifizierter weiblicher Fachkräfte zu, wohingegen derjenige der Nicht-Qualifizierten zukünftig weiter sinken wird.[10] Auf Seiten der Unternehmen werden immer höhere und spezifischere Qualifikationen nötig, um auch im globalisierten Markt konkurrenzfähig zu bleiben. Die Passgenauigkeit von Qualifikation und Spezialisierung der Arbeitnehmer_innen auf eine zu besetzende Stelle wird somit immer schwieriger werden.

Trotz anhaltend hoher Arbeitslosigkeit führt dieser Umstand in vielen Bereichen zu Arbeitskräfteknappheit. Um dem zu begegnen, müssen Unternehmen gut ausgebildete Fachkräfte möglichst lange halten und außerdem eine höhere Erwerbsbeteiligung von Frauen anstreben, um betriebsspezifisches Know-how zu bewahren und zu erweitern. Hierbei spielt die gute Vereinbarkeit von Familie und Beruf für die Beschäftigten eine wichtige Rolle insbesondere deshalb, weil die Anforderungen im Berufs- und Privatleben durch Individualisierungs- und Pluralisierungsentwicklungen kontinuierlich ansteigen. Sichtbare Auswirkungen dessen sind z.B. die steigende Zahl Alleinerziehender und die zunehmende Notwendigkeit zweier Einkommen zur Sicherstellung des Lebensunterhalts.[11]

Den Unternehmen entstehen demzufolge in erster Linie dort Einsparpotentiale, wo familienfreundliche Maßnahmen zu Senkungen im Bereich der Kosten für Personalrekrutierung und –überbrückung führen. Das passiert immer dann, wenn die bessere Vereinbarkeit von Familie und Beruf bei den Beschäftigten dazu führt, dass Mitarbeiter_innen nach der Geburt eines Kindes möglichst bald wieder in den Betrieb zurückkehren und sich damit die Ausfallzeiten wegen

---

8 Dies belegt u.a. ein IAB-Kurzbericht aus dem Jahre 2003, vgl. Reinberg, A./Hummel, M. 2003: Steuert Deutschland langfristig auf einen Fachkräftemangel zu?

9 Vgl. Bund-Länder-Kommission für Bildungsplanung und Forschungsförderung 2002: Zukunft von Bildung und Arbeit. Perspektiven von Arbeitskräftebedarf und –angebot bis 2015

10 Vgl. BMFSFJ 2003: Betriebswirtschaftliche Effekte familienfreundlicher Maßnahmen, S. 6

11 Vgl. ebd. S. 7

Elternzeit oder späterer Kinderbetreuung verringern. Betriebswirtschaftlich wirkt sich das insbesondere in den Bereichen der Wiederbeschaffungskosten bei Stellenvakanz und der Wiedereingliederungskosten (nach Elternzeit) aus sowie im Bereich der Überbrückungskosten und der Kosten für Fehlzeiten. [12]

Den größten finanziellen Aufwand stellen für Unternehmen in diesem Zusammenhang die Wiederbeschaffungskosten für Eltern (traditionell überwiegend für Mütter) in Elternzeit dar. Aufgrund der noch immer weitestgehend familien*un*freundlichen Arbeitsbedingungen sind in Deutschland aktuell durchschnittlich 40% der vor Geburt eines Kindes erwerbstätigen Frauen 3 Jahre nach der Geburt noch nicht wieder an ihren Arbeitsplatz zurückgekehrt.[13] Dieser Umstand ist für Unternehmen insofern besonders problematisch, als eine dadurch vakante Stelle nicht nur Kosten durch Produktivitätsausfälle bzw. Dienstausfälle verursacht, sondern darüber hinaus neue Kosten entstehen, wenn ein neuer Mitarbeiter oder eine neue Mitarbeiterin hierfür eingestellt werden soll. Das sind u.a. Anwerbungskosten, Auswahlkosten, Einstellungskosten, Einarbeitungskosten, Kosten für Aus- und Weiterbildung und die Kosten für Minderleistungen bei der Einarbeitung.[14]

Kehren Eltern planmäßig aus der Elternzeit zurück, so können Sie für die Ausfallzeit durch Ersatzkräfte mit befristeten Arbeitsverträgen ersetzt werden. Diese nur zeitweise Überbrückung minimiert die Anwerbungs-, Auswahl- und Einstellungskosten sowie die Kosten eines eventuellen Mismatches von Person und Stelle gegenüber einer dauerhaften Ersatzkraft. Die dabei entstehenden Einsparungen sind umso größer, je kürzer der Elternteil in der Elternzeit verbleibt, da in höherem Umfang auf preiswerte Überbrückungskräfte zurückgegriffen werden kann. Sie potenzieren sich mit zunehmendem Qualifikationsniveau der gesuchten Person und dem Spezialisierungsgrad der Qualifikationsanforderungen. So belaufen sich die Wiederbeschaffungskosten einer Stelle durchschnittlich auf 1,5 Jahresgehälter für hoch Qualifizierte und 0,75 Jahresgehälter für gering

---

12 Vgl. Seidel, A. 2004: Familienfreundlichkeit rechnet sich. Familienfreundlichkeit im Unternehmen - Maßnahmen und Effekte; Schmitz, M. 2006: S. 57ff

13 Vgl. BMFSFJ 2003, S. 12

14 Vgl. Gebhardt, W. 2011, S. 7

qualifizierte Fachkräfte.[15] Unter Berücksichtigung der weiteren positiven Auswirkungen familienfreundlicher Maßnahmen, wie einer verbesserten Profilierung des Unternehmens am Arbeitsmarkt, einer Image- und Attraktivitätssteigerung, dadurch bedingter geringerer Anwerbungskosten und geringerer Fluktuationsraten lassen sich somit die Wiederbeschaffungskosten um bis zu 20% verringern.[16]

Auch die Wiedereingliederungskosten lassen sich durch kürzere Elternzeiten verringern, da ein längerfristiges Ausscheiden aus der Erwerbstätigkeit in der Regel zur Dequalifizierung der Beschäftigten führt und in jedem Fall mit einer Entwöhnung vom Arbeitsalltag und seinen Routinen einhergeht. Das ist insbesondere dann der Fall, wenn sich die Arbeitsbedingungen im Unternehmen aufgrund kürzer werdender Wertschöpfungszyklen innerhalb der Zeit der Abwesenheit des Mitarbeiters/der Mitarbeiterin verändern. Möglichkeiten der Teilzeit- und Telearbeit sowie kurzfristige Vertretungseinsätze und Weiterbildungsmöglichkeiten während der Elternzeit erleichtern den Beschäftigten das „Am-Ball-Bleiben". Wenn zusätzlich Angebote der Kinderbetreuung von Seiten des Unternehmens eine frühere vollständige Rückkehr der Beschäftigten ermöglichen, können die Wiedereingliederungskosten um ein Vielfaches gesenkt werden. Die untersuchten Unternehmen der oben genannten Kosten-Nutzen-Analyse familienfreundlicher Maßnahmen durch das BMFSFJ konnten hierbei bis zu 4.900 € pro Fall sparen.[17]

Exemplarisch lässt sich die Wirkung familienfreundlicher Maßnahmen auf die Elternzeitdauer am Beispiel der Wintershall AG zeigen:

---

15 Vgl. De Graat, E. 2007: Kennzahlen und Kosten-Nutzen-Relationen zur Bewertung familienfreundlicher Maßnahmen in Unternehmen, S. 238

16 Vgl. BMFSJ 2003, S. 15

17 Vgl. ebd. S. 16

Übersicht 1: Wirkung familienfreundlicher Maßnahmen am Beispiel der Wintershall-AG im Zeitraum 1998 - 2003[18]

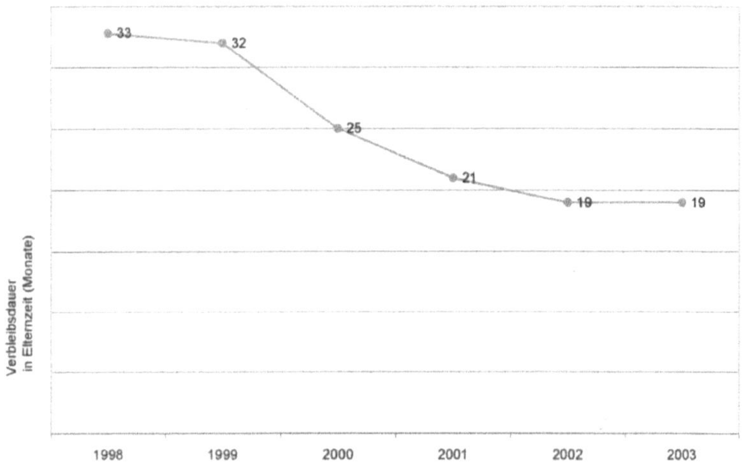

Weitere Einsparpotentiale ergeben sich hinsichtlich der Kosten für Fehlzeiten, die bei Mitarbeiter_innen aufgrund von Kinderbetreuung entstehen können: Dies gilt sowohl bei Krankheit des Kindes, welche arbeitsrechtlich in begrenztem Umfang wie die eigene Arbeitsunfähigkeit des oder der Beschäftigten gilt, als auch hinsichtlich der Produktivität und der Krankheitsanfälligkeit des oder der Beschäftigten selbst. Denn in den ersten 8 Lebensjahren des Kindes, in denen der Betreuungsaufwand am höchsten ist, kann die erhöhte Belastung durch Beruf und Familienalltag zu verstärkter Stress- und Krankheitsanfälligkeit der Beschäftigten führen und damit zu einer verminderten Produktivität. Dem kann ein Unternehmen entgegenwirken, wenn es Angebote zur flexiblen Kinderbetreuung, insbesondere zur Notfall-Betreuung für die Beschäftigten schafft und die arbeitsorganisatorischen Rahmenbedingungen, wie Arbeitszeit oder Arbeitsort, familienfreundlich gestaltet. Die dadurch entste-

18 Vgl. Seidel, A. 2004, S.19

henden Kostenersparnisse wurden von den an oben genannter Untersuchung teilnehmenden Unternehmen durchweg bestätigt.[19]

Die Einsparpotentiale im Bereich des Personalmanagements bewegen sich insgesamt – je nach Betriebsgröße und Realisierungsgrad familienfreundlicher Maßnahmen – in Höhe von mehreren 100.000€, in größeren Betrieben sogar über Millionenhöhe.[20]

Neben den eindeutig messbaren wirtschaftlichen Auswirkungen familienfreundlicher Maßnahmen auf das unternehmerische Gesamtergebnis bergen eben diese Maßnahmen noch weitere Potentiale mit indirekter Wirkung in sich. Sie sind zwar weniger messbar im Sinne eines direkten, linearen Ursache-Wirkung-Gefüges, wirken sich aber trotzdem deutlich positiv im Hinblick auf Wirtschaftlichkeit und Wettbewerbsfähigkeit eines Unternehmens aus. Hierzu zählen unter anderem die Steigerung der Motivation und der Zufriedenheit der Beschäftigten durch die Reduktion von Stressbelastungen und die damit verbundene erhöhte Produktivität. Ebenso verbessert eine gute Vereinbarkeit das Unternehmensimage, was wiederum Auswirkungen auf Produktmarketing und -absatz, Personalmarketing und die Wettbewerbsfähigkeit im Allgemeinen hat.[21]

Insgesamt haben die Untersuchungen des BMFSFJ gezeigt, dass der ROI[22] familienfreundlicher Personalmaßnahmen insgesamt bei durchschnittlich 25% liegt.[23] Zwar mag dies für Betriebe, die sich aus wirtschaftlichen Gründen gegenwärtig zu weit reichenden Personalkürzungen gezwungen sehen, keine aktuelle Priorität darstellen. Denn hier sind kurzfristige Einsparungen wichtiger als längerfristige Wachstumspotentiale. Für wirtschaftlich stabile Betriebe jedoch sollten familienfreundliche Maßnahmen angesichts dieser betriebswirtschaftlichen Tragweite einen wichtigen Stellenwert in der Organisations- und Personalplanung haben – insbesondere vor dem Hintergrund, dass dieser Nutzen sich bei der zu erwartenden Arbeitsmarktentwicklung noch vergrößern wird.

---

19 Vgl. De Graat, E 2007, S. 241

20 Vgl. BMFSFJ 2003, S. 18

21 Vgl. Gebhardt, W. 2007: Betriebswirtschaftlicher Nutzen von Familienfreundlichkeit

22 ROI = Return of Invest, d.h. Kosten-Nutzen-Relation von investierten Mitteln und daraus erzieltem Gewinn

23 Vgl. BMFSFJ 2003, S. 32

2.2 Besonderer Nutzen von Familienfreundlichkeit für Hochschulen

Der unternehmerische Nutzen von Familienfreundlichkeit ist umso höher, wenn es um Hochschulen geht. Ausschlaggebend hierfür sind verschiedene Faktoren:

Zunächst einmal haben die in den letzten Jahren von Bund und Ländern eingeleiteten Reformen - insbesondere im Zuge der Ergebnisse der Bologna-Prozesse und der damit verbundenen Internationalisierungsprozesse[24]- zu mehr Wettbewerb auf nationaler und internationaler Ebene geführt. Wenn es um die Gewinnung von Nachwuchswissenschaftler_innen, Professor_innen und Studierenden geht, müssen die Hochschulen nun stärker in gegenseitige Konkurrenz treten. Die fachliche Ausrichtung und Reputation ist dabei nicht das einzige Wettbewerbskriterium. Vielmehr spielen die Angebote zur Vereinbarkeit von Familie und Beruf auch hier eine immer größere Rolle.

Hinzu kommt, dass es an Hochschulen - im Unterschied zu privatwirtschaftlichen Unternehmen - mehrere Interessensgruppen gibt, die wiederum unterschiedliche Anforderungen an die vereinbarkeitsrelevanten Angebote stellen: Neben den mit den privatwirtschaftlich vergleichbaren (nicht wissenschaftlichen) Angestellten bilden im Hochschulkontext die wissenschaftlich Beschäftigten und die Lehrenden (Nachwuchswissenschaftler_innen und Professor_innen die größte Gruppe der Beschäftigten. Einen mindestens ebenso großen Stellenwert hat die dritte Interessensgruppe, die der Studierenden bzw. Studieninteressierten. Hinsichtlich der Familienfreundlichkeit als Attraktivitätsfaktor einer Hochschule geht es also nicht nur um familiengerechte Arbeitsbedingungen, sondern auch um familienfreundliche Forschungs-, Lehr- und Studienbedingungen.

Besonders hinsichtlich der Gewinnung von wissenschaftlichem Personal spielt die Vereinbarkeit eine wichtige Rolle. Denn nach wie vor ist der Anteil von Wissenschaftlerinnen mit Kindern gegenüber demjenigen ihrer männlichen Kollegen sehr gering: Jeder zweite Professor, aber nur jede dritte bis fünfte Professorin hat ein oder

---

24 Vgl. Bundesministerium für Bildung und Forschung (BMBF): der Bologna-Prozess

mehrere Kinder.[25] Begründet liegt dies u.a. darin, dass im Bereich der Kindererziehung nach wie vor tradierte Rollenmuster zumindest teilweise Bestand haben: In Akademikerbeziehungen ist es noch immer vorwiegend die Frau, die nach der Geburt eines Kindes zumindest teil- und zeitweise beruflich pausiert und somit in Bezug auf ihre Wissenschaftskarriere zurücksteckt.[26] Die landläufig verbreitete These, welche die vermehrte Kinderlosigkeit von Wissenschaftlerinnen damit erklärt, dass Kinder einfach nicht zu deren Lebenszielen gehörten, wurde mittlerweile durch verschiedene Untersuchungen widerlegt - u.a. durch das vom Bundesministerium für Bildung und Forschung (BMBF) geleitete Forschungsprojekt „Balancierung von Wissenschaft und Elternschaft (BAWIE)“[27] und durch die Ergebnisse des Projektes „Wissen- oder Elternschaft“, das vom Zentrum für Hochschulbildung der TU Dortmund durchgeführt wurde[28]. Diese wiesen nach, dass die überwiegende Zahl des wissenschaftlichen Personals Kinder zu ihren Lebenszielen zählen - auch diejenigen, die keine Kinder haben. Wissenschaftlerinnen und Wissenschaftler mit Kindern sind weitaus zufriedener als diejenigen ohne Kinder. Die Gründe für die vermehrte Kinderlosigkeit liegen zumeist in einer noch immer familienunfreundlichen Hochschul- und Wissenschaftskultur: Unsichere Zukunftsperspektiven und häufig befristete Beschäftigungsverhältnisse bei gleichzeitig enormen Anforderungen an zeitliche Verfügbarkeit, Arbeitseinsatz und geografische Flexibilität sowie die Angst vor Benachteiligung wegen der Elternschaft hinsichtlich der Förderung und Stellenvergabe führen dazu, dass viele Wissenschaftler_innen ihren Kinderwunsch immer weiter hinauszögern und oft gar nicht mehr umsetzen.[29] Umso wichtiger ist es daher für Hochschulen, familienfreundliche Ar-

---

25 Vgl. Lind, I. 2008, Metz-Göckel, S./Selent, P./Schürmann, R. 2010

26 Vgl. Althaber, A./Hess, J./Pfahl, L. 2011: Karriere mit Kind in der Wissenschaft – Egalitärer Anspruch und tradierte Wirklichkeit der familiären Betreuungsarrangements von erfolgreichen Frauen und ihren Partnern, S. 83ff

27 Vgl. Gesis – Leibnitz-Institut für Sozialwissenschaften: Projekt Balancierung von Wissenschaft und Elternschaft BAWIE

28 Vgl. TU Dortmund – Zentrum für Hochschulbildung ZHB: Forschungsprojekt Wissen- oder Elternschaft

29 Vgl. Althaber, A. e.a. 2011, S. 83 und Bundesministerium für Bildung und Forschung (BMBF) – Referat Chancengleichheit in Bildung und Forschung (Hrsg.) 2010: Kinder- Wunsch und Wirklichkeit in der Wissenschaft. Forschungsergebnisse und Konsequenzen, S. 11

beits- und Forschungsbedingungen zu schaffen, um im Wettbewerb um die besten Wissenschaftler_innen Vorteile zu haben. Flexible und altersgerechte Kinderbetreuungsangebote bilden dabei im Hinblick auf die Attraktivität einer Hochschule ebenso wichtige Faktoren wie entlastende Angebote für Eltern (flexible Arbeitszeiten, Verlängerung von befristeten Arbeitsverhältnissen), die Unterstützung von Doppelkarrieren und ein selbstverständlicher Umgang mit Elternschaft.[30]

Neben der Gewinnung von Wissenschaftler_innen spielt der Wettbewerbsvorteil Familienfreundlichkeit auch im Hinblick auf Studieninteressierte und Studierende eine wichtige Rolle: Seit Jahren liegt der Anteil Studierender mit Kind relativ konstant bei 6% bis 7%.[31] Das sind bei derzeit ca. 2,5 Mio. Studierenden in Deutschland ca. 150.000 Eltern(teile). Zwei Drittel von ihnen bekommen ihr erstes Kind während des Studiums und müssen somit die betreuungsintensive Kleinkindphase mit dem Studium vereinbaren.[32] Das zieht Konsequenzen für ihr Zeitbudget nach sich: Weniger Flexibilität und ein hoher zeitlicher Aufwand für Kinderbetreuung und zusätzliche Erwerbsarbeit bestimmen ihren Alltag, sodass studierende Eltern durchschnittlich fünf Stunden wöchentlich weniger Zeit für Studienaktivitäten zur Verfügung haben.[33] Das liegt einerseits darin begründet, dass ihnen aufgrund der Doppelbelastung faktisch weniger Zeitressourcen zur Verfügung stehen, andererseits ist es in vielen Fällen auch den familienunfreundlichen Studienbedingungen

---

30 Vgl. ebd. S. 15

31 Vgl. BMBF 2008: Studieren mit Kind. Ergebnisse der 18. Sozialerhebung des deutschen Studentenwerks - durchgeführt durch HIS Hochschul-Informations-System, S. 3

32 Vgl. Wissenschaftlicher Beirat für Familienfragen (Hrsg.) 2011: Ausbildung, Studium und Elternschaft. Analysen und Empfehlungen zu einem Problemfeld im Schnittpunkt von Familien- und Bildungspolitik, S. 111

33 Studierende Mütter sind zumeist aufgrund der Übernahme von Betreuungsaufgaben zeitlich eingeschränkt, studierende Väter überwiegend aufgrund zusätzlicher Erwerbstätigkeit. Dieses scheint dem Umstand geschuldet, dass im Bereich der familiären Aufgabenverteilung noch immer überwiegend tradierte Geschlechterrollen vorherrschen. Dabei bedingen die defizitären Betreuungsangebote einen hohen Anteil an eigener und privat organisierter Betreuung durch die Mütter, sodass diese prozentual stärker belastet sind in der Durchführung ihres Studiums als es die Väter sind. (Vgl. Wissenschaftlicher Beirat für Familienfragen (Hrsg.) 2011: Ausbildung, Studium und Elternschaft, S. 88ff und BMBF 2008: Studieren mit Kind, S. 25ff)

geschuldet: Defizitäre Betreuungssituationen an den Hochschulen - insbesondere für Kleinkinder, höhere Kosten der Lebensführung, die eine zusätzliche Erwerbstätigkeit häufig unabdingbar machen und betreuungsunfreundliche Zeiten für Lehrveranstaltungen (abends und am Wochenende) erschweren die Vereinbarkeit von Studium und Familienaufgaben enorm.[34] Besondere Bedeutung gewinnt dieser Aspekt angesichts der mittlerweile allerorts modularisierten Studiengänge, die mit ihren stärker formalisierten Studienverläufen, erhöhter studiumsgebundener Zeit und stärkerer Prüfungsbelastung bei gleichzeitig gewachsenem finanziellen Druck (u.a. durch teilweise erhobene Studiengebühren) die Vereinbarkeit von Studien- und Familienaufgaben für studierende Eltern noch erschweren.

So ist es nicht verwunderlich, dass Elternschaft während des Studiums in der Regel zu längeren Studienzeiten führt, oft zu Unterbrechungen im Studienverlauf und nicht selten zu Studienabbrüchen.[35] Dies verdeutlicht die folgende Übersicht.

Übersicht 2: Studienverlauf: Studierende mit und ohne Kind – Männer und Frauen im Vergleich. (Studierende im Erststudium, in %)[36]

Studienverlauf	ohne Kind	mit Kind		
		gesamt	männlich	weiblich
Studienunterbrechung	11	45	36	52
Studiengangwechsel	20	28	31	26
Hochschulwechsel	14	20	19	21

Das ist nicht nur für die Betroffenen selbst problematisch, sondern auch für die Hochschulen. Schließlich haben diese ein besonderes Interesse daran, dass die Studierenden ihr Studium ohne Verzögerungen möglichst erfolgreich abschließen. Bessere Studienbedingungen für studierende Eltern bedeuten nicht nur mehr Zufriedenheit für die Studierenden einer Hochschule, eine höhere Motivation

34 Vgl. ebd. S. 27ff, S. 33ff und S. 41ff

35 Vgl. Wissenschaftlicher Beirat für Familienfragen (Hrsg.) 2011: Ausbildung, Studium und Elternschaft, S. 95ff, S. 100ff

36 Quelle: BMBF 2008: Studieren mit Kind, S. 23

für und Konzentration *auf* das Studium, sondern auch bessere und schnellere Abschlüsse für die Absolventinnen und Absolventen. Diese wiederum stellen eines der besten Aushängeschilder für eine Hochschule dar und sind ein gutes Werbemittel für die Gewinnung neuer Studierender und Wissenschaftler_innen.

Eine gute Vereinbarkeit von Familie und Studium bzw. Beruf erhöht zudem die Leistungsbereitschaft aller Hochschulangehörigen, stärkt die Corporate Identity und den guten Ruf der Hochschule und trägt damit maßgeblich zu ihrem Gesamterfolg bei. Darüber hinaus können Hochschulen als Orte des Lernens, Lehrens und Forschens und als regional wichtige Arbeitgeber durch familienfreundliche Maßnahmen nachhaltig zur lokalen und regionalen Strukturentwicklung beitragen – nicht nur für ihre eigenen Angehörigen, sondern auch für den sie umgebenden Sozialraum.

In den letzten Jahren ist hinsichtlich des Ausbaus familienfreundlicher Angebote an Hochschulen eine erfreuliche Entwicklung zu verzeichnen: Die meisten Hochschulen haben die Wichtigkeit familienfreundlicher Maßnahmen und ihre Relevanz im Wettbewerb um Wissenschaftler_innen und (potentielle) Studierende erkannt und diese zum strategischen Ziel erklärt. Dadurch erhielt der Ausbau vereinbarkeitsrelevanter Angebote mittlerweile an fast allen Hochschulen hohe Priorität und wurde vorangetrieben.

Als Managementinstrument zur Sicherung der Qualität und zum Ausbau solcher Maßnahmen hat sich dabei an den meisten Hochschulen das „audit familiengerechte hochschule“ durchgesetzt. Als Initiative der gemeinnützigen Hertie-Stiftung wurde das Audit 2001 von der berufundfamilie gGmbH gegründet und stellt unter der Schirmherrschaft des Bundesfamilienministeriums als erstes hochschulspezifisches ‚Familien-Audit‘ ein strukturiertes Verfahren dar, um die Familienfreundlichkeit der Studien-, Arbeits- und Forschungsbedingungen an Hochschulen kontinuierlich zu verbessern. Im Rahmen des Audits werden anhand von acht vereinbarkeitsrelevanten Handlungsfeldern die vorhandenen Angebote überprüft und weiterentwickelt. Nach erfolgreicher Auditierung erhält die Hochschule das Zertifikat „Familiengerechte Hochschule“ - ein europaweit geschütztes Signet. Im weiteren Verlauf erfolgen alle vier Jahre Reauditierungen, die jeweils höhere Anforderungen an die Fortführung des Zertifikats stellen. Damit wird die kontinuierliche Verbesserung und Erweiterung familienfreundlicher Angebote sichergestellt.[37] Dem Auditverfahren haben sich mittlerweile mehr als 70 deutsche Hochschulen und Universitäten angeschlossen (Tendenz steigend). In vielen der übrigen Hochschulen gibt es andere Qualitätsnachweise für familienfreundliche Maßnahmen, wie z.B. das bundesweite Programm der Bosch-Stiftung, des CHE und des BMVBS „Familie in der Hochschule“[38] oder „EFFEKTIV“, welches vom Kompetenzzentrum Frauen in Wissenschaft und Forschung CEWS des GESIS – Leibniz-Instituts für Sozialwissenschaften 2011 ins Leben gerufen wurde[39]. Daneben existieren weitere regionale und lokale Programme zur Steuerung von vereinbarkeitsrelevanten Maßnahmen, wie z.B. landesweite Qualitätsstandards zur Familienfreundlichkeit an Hochschulen in Brandenburg[40] oder Managementinstrumente im Rahmen der Lokalen Bündnisse für Familien[41].

Es kann sich also mittlerweile kaum mehr eine Hochschule leisten, sich *nicht* mit dem Thema Familienfreundlichkeit zu beschäftigen, demzufolge entsprechende Angebote zu entwickeln und auszubauen, wenn sie im nationalen und internationalen Wettbewerb langfristig bestehen will. Familienfreundlichkeit hat sich zu einem wichtigen Qualitätsmerkmal für Hochschulen durchgesetzt. Sie spielt in der gegenseitigen Konkurrenz um Nachwuchswissenschaftler innen, Professor innen und (potentielle) Studierende eine entscheidende Rolle und wird als „Pull-Faktor“ in den nächsten Jahren noch weiter an Bedeutung gewinnen.

---

37 Vgl. berufundfamilie gGmbH: audit familiengerechte hochschule

38 Vgl. Familie in der Hochschule

39 Vgl. Gesis –EFFEKTIV: Für mehr Familienfreundlichkeit an deutschen Hochschulen

40 Vgl. Land Brandenburg: Studium in Brandenburg - Kinder und Karriere

41 Vgl. BMFSFJ: Lokale Bündnisse für Familien

3 Kriterien zur Bewertung von Kinderbetreuungsangeboten

Das vorangegangene Kapitel hat gezeigt, dass der Handlungsbedarf hinsichtlich einer Verbesserung der Familienfreundlichkeit an den meisten deutschen Hochschulen längst erkannt wurde und vielerorts bereits positive Veränderungen in und um Hochschulen dazu geführt haben, dass diese sich immer weiter von dem alten Image als familie*un*freundlicher Arbeits-, Lern- und Forschungsort entfernen. Neben arbeitsorganisatorischen Regelungen, Instrumenten der Personalentwicklung, Informations-, Kommunikations- und Beratungsangeboten gibt es in vielen Hochschulen schon Betreuungsangebote für Hochschulangehörige. In diesem Bereich jedoch liegt noch immer der größte Handlungsbedarf. Denn die Diskrepanz zwischen einem hohen Bedarf an Betreuungsmöglichkeiten und einem unzureichenden Angebot ist an vielen Standorten nach wie vor enorm. Das ist deshalb besonders bedauerlich, weil die Möglichkeit der Betreuung den bedeutendsten Faktor für den erfolgreichen Studienverlauf studierender Eltern darstellt und die wichtigste Voraussetzung für das Arbeiten, Lehren und Forschen von Beschäftigten ist. Die Ursachen für den vorherrschenden Mangel sind vielfältig:

Zunächst ist die Schaffung eigener Betreuungsmöglichkeiten keine Pflicht für Hochschulen. In §2 des Hochschulrahmengesetzes (HRG) heißt es lediglich: „Sie [die Hochschulen] berücksichtigen die besonderen Bedürfnisse von Studierenden mit Kindern."[42] Wie diese Berücksichtigung im Einzelnen aussieht, liegt im Handlungsspielraum der Hochschulen selbst. Für Beschäftigte bzw. Wissenschaftlerinnen und Wissenschaftler mit Kindern gibt es keinerlei rechtlich festgelegte besondere Berücksichtigung. Die Frage, ob eine Hochschule in eigene Kinderbetreuung investiert, um den Mangel an vorhandenen institutionellen Platzkontingenten für ihre Hochschulangehörigen zu kompensieren, hängt also in erster Linie davon ab, was sie (resp. die Hochschulleitung) sich davon verspricht (bei-

---

42 Quelle: Ministerium für Innovation, Wissenschaft und Forschung des Landes Nordrhein Westfalen (MIWF): Hochschulrahmengesetz (HRG). Die Landeshochschulgesetze der anderen Bundesländer haben ähnliche oder gar keine Regelungen (mit Ausnahme des Saarlandes, das kein Landesrecht für Hochschulen hat, da jede Hochschule über ihr eigenes Regelwerk verfügt). (vgl. Gewerkschaft Erziehung und Wissenschaft: Landeshochschulgesetze)

spielsweise Imagegewinn, Wettbewerbsvorteil etc – siehe auch 2.2.). Dort, wo Hochschulen diese Vorteile erkannt haben und eigene Betreuungsangebote geschaffen haben, reichen diese dennoch an fast allen Standorten nicht aus, um den Bedarf der Hochschulmitglieder zu decken. Das liegt zumeist in einem quantitativ zu geringen Platzkontingent begründet. Darüber hinaus bedingen dies auch Unstimmigkeiten hinsichtlich der Passgenauigkeit von vorhandenen Angeboten und den Bedarfen der Nutzer innen dieser Angebote – ein Mismatch, das nicht nur für die Eltern bedauerlich ist, die keine passgenauen Angebote erhalten, sondern auch für die Hochschulleitung, weil aufgrund ungenauer Abstimmung auf den Bedarf Ressourcen nicht optimal eingesetzt und im schlimmsten Fall an falscher Stelle verschwendet werden.

Um Betreuungsmöglichkeiten zu schaffen, die einerseits den vorhandenen Bedarf decken und andererseits wirtschaftlich tragbar, effektiv und effizient sind, ist daher zuvor eine Analyse der Bedarfsansprüche *aller* Interessensgruppen nötig – sowohl seitens der Hochschule als Institution bzw. Unternehmen als auch seitens der Studierenden sowie der wissenschaftlich und der nicht wissenschaftlich Beschäftigten. Dies soll Gegenstand der folgenden Abschnitte sein. Erst nach Kenntnislage all dieser Faktoren kann ein Betreuungskonzept entwickelt werden, welches möglichst vielen dieser Kriterien entspricht und somit im größtmöglichen Maße die Bedarfe decken kann.

3.1 Deckung der Bedarfe von Hochschulangehörigen

Bei der Konzeption passgenauer Betreuungsmöglichkeiten ist die Deckung des bestehenden Betreuungsbedarfs sicherlich das wichtigste Kriterium.

Um herauszufinden, inwieweit Hochschulen einen bestehenden Betreuungsbedarf ihrer Angehörigen (mit-)decken können und müssen, gilt es zunächst, das vorhandene Angebot an institutioneller Kinderbetreuung durch Kommune und andere Träger (Kirchen, Wohlfahrtsverbände, Vereine, Initiativen etc.) zu überprüfen. Dabei lässt sich bundesweit eine deutliche Kluft zwischen dem Bedarf und dem Angebot an Betreuungseinrichtungen erkennen: Der zahlenmäßige Bedarf an Tagesbetreuung ist in ganz Deutschland höher als das bestehende Angebot (variierend je nach Bundesland). Zwar hat der in allen Bundesländern voranschreitende Ausbau von Kindertageseinrichtungen bereits zu deutlichen Verbesserungen hinsichtlich des Platzangebotes geführt. Trotzdem ist das Angebot bisher nirgendwo zu Hundertprozent ausreichend im Hinblick auf den bestehenden Bedarf. Diese Mangelversorgung ist in den alten Bundesländern noch stärker ausgeprägt als in den neuen.[43] Ein bundesweiter Rechtsanspruch besteht lediglich auf einen halbtägigen Betreuungsplatz für Kinder ab drei Jahren bis zum Schuleintritt.[44] In einigen Bundesländern gelten darüber hinaus Rechtsansprüche auf eine Ganztagsbetreuung und/oder auf einen bedingten Betreuungsplatz[45] für Kinder unter 3 Jahren (z.B. in Thüringen für Kinder ab einem Jahr, in Rheinland-Pfalz und NRW (hier seit August 2013) für Kinder ab dem 2. Lebensjahr).[46] Im bundesdeutschen Durchschnitt lag die Betreuungsquote für Kinder unter 3 Jahren bei lediglich 25% (Tendenz steigend).[47] Auch die Ganztagsbetreuung für Schulkinder ist im bundesdeutschen Gesamtdurchschnitt mangelhaft hinsichtlich ihrer Bedarfsdeckung: Sachsen-Anhalt garantiert mit seinem Rechtsanspruch bisher als einziges Bundesland die Ganztagsbetreuung für Schulkinder bis zum 14. Lebensjahr.[48] In den meisten anderen Bundesländern ist die Organisation der Nachmittagsbetreuung für Kinder im Schulalter daher ebenso schwierig wie die Betreuung für Kinder unter drei Jahren.

Die Kluft zwischen den angebotenen und den benötigten Betreuungsplätzen lässt den Schluss zu, dass sich Hochschulen hier vor einem deutlichen Handlungsbedarf sehen, wenn sie die Studien- und Arbeitsbedingungen ihrer Mitglieder verbessern möchten.

Es geht jedoch nicht nur um die *quantitative* Aufstockung des regionalen Angebotes, sondern auch um seine *qualitative* Ausgestaltung,

---

43 Vgl. Statistisches Bundesamt: Kindertagesbetreuung regional 2008.

44 Vgl. Bundesministerium für Familie, Senioren, Frauen und Jugend: Kindertagesstätte

45 D.h. der Betreuungsplatz steht in Abhängigkeit von Berufstätigkeit/Ausbildung und/oder Notwendigkeit aufgrund sozialer Benachteiligung

46 Vgl. Bertelsmann-Stiftung: Ländermonitor frühkindliche Bildungssysteme

47 Vgl. Statistisches Bundesamt: Unter 3-Jährige in Tagesbetreuung

48 Vgl. Deutscher Bildungsserver: Sachsen-Anhalt: Horte und Ganztagsbetreuung

die sich optimal an den Bedürfnissen der Hochschulangehörigen orientieren sollte.

Hierfür ist es zunächst wichtig zu erkennen, dass Hochschulangehörige keine homogene Gruppe sind, sondern aus unterschiedlichen Statusgruppen mit entsprechend unterschiedlichen Bedarfen bestehen: Beschäftigte, für die die Hochschule Arbeits- und Forschungsort ist, haben andere Bedürfnisse als Studierende, die hier lernen, Prüfungen ablegen und eventuell noch an anderer Stelle arbeiten. Verwaltungsangestellte, die in der Regel festgelegte Arbeitszeiten haben, unterscheiden sich wiederum vom wissenschaftlichen Personal, welches die Zeit für Lehre und Forschung überwiegend selbstverantwortlich plant, einteilt und ausfüllt. Daraus ergeben sich ganz unterschiedliche Bedürfnisse von Eltern dieser Statusgruppen hinsichtlich der Kinderbetreuung. Diese sollen im Folgenden einzeln beleuchtet werden.

3.1.1 Deckung der Bedarfe von Studierenden

Die Wahrscheinlichkeit, dass sich Studierende während ihrer akademischen (Erst-) Ausbildung bewusst für eine Elternschaft entscheiden, ist gering. Zwar haben, wie oben erwähnt, 6% bis 7% der Studierenden eigene Kinder, jedoch kann hierbei von einem sehr geringen Anteil *geplanter* Elternschaften ausgegangen werden. Vergleicht man den Zeitpunkt der Geburt des ersten Kindes in niedrigen Bildungsschichten mit demjenigen in den höheren, so stellt man fest, dass Bildungsbeteiligung eine aufschiebende Wirkung auf den Zeitpunkt der Bereitschaft zur Elternschaft hat. Bedingt wird dieses Phänomen durch Institutioneneffekte[49] und Bildungsinvestitionseffekte[50]. Dies belegen auch Zahlen des Hochschulinformationssys-

---

49 Der Institutioneneffekt beschreibt einen aufschiebenden Effekt der Familiengründung bei Frauen mit hohem Bildungsniveau. Hier verschiebt sich der Zeitpunkt der Geburt des ersten Kindes umso weiter nach hinten, je länger ihre akademische Ausbildung andauert, weil sie sich erst für ein Kind entscheiden, wenn sie in gesicherter beruflicher Stellung sind. (vgl. Blossfeld, G. J. 2011: Die Vereinbarkeit von Ausbildung, Familie und Beruf bei Frauen, S. 60f)

50 Der Bildungsinvestitionseffekt beschreibt das Phänomen, dass die mit einer Elternschaft verbundenen Opportunitätskosten für Frauen steigen, je höher ihr Bildungsniveau und je besser ihre Ausbildung ist; und zwar

tems aus dem Jahre 2002 und 2008, nach denen fast zwei Drittel der befragten kinderlosen Studentinnen sich erst nach Abschluss ihres Studiums für ein Kind entscheiden würden. Von den befragten studierenden Eltern würde, noch einmal vor die Wahl gestellt, fast jedeR Vierte (23%) lieber erst das Studium beenden und dann ein Kind bekommen.[51] Das lässt den Schluss zu, dass sowohl kinderlose Studierende als auch studierende Eltern die Vereinbarkeit von Studium und Elternschaft als schwierig empfinden. Dabei bildet der Mangel an Betreuungsangeboten im Allgemeinen und an *bedarfsgerechter* Betreuung im Speziellen den bedeutendsten Faktor hinsichtlich der Opportunitätskosten, die mit einer Elternschaft während des Studiums einhergehen.

Doch was bedeutet *bedarfsgerechte Betreuung* für Studierende?

Um dies zu beantworten, werden im Folgenden diejenigen Kriterien beleuchtet, die für studierende Eltern bei der Kinderbetreuung besonders bedeutsam sind, nämlich die zeitliche Verfügbarkeit, örtliche Erreichbarkeit, die Finanzierbarkeit und die pädagogische Qualität.

Der Zeitrahmen, in dem studierende Eltern regelmäßige Kinderbetreuung benötigen, entspricht nur selten den regulären Öffnungszeiten von institutionellen Kindertagesstätten. In der Regel werden die Kinder hier in der Zeit von 7.30 Uhr – 16.30 Uhr betreut, in wenigen Einrichtungen auch von 7.00 Uhr – 18.00 Uhr.[52] Vorlesungen und Seminare finden jedoch nur teilweise in diesem Zeitrahmen statt. Viele Veranstaltungen dauern bis 18 Uhr, einige bis 20 Uhr. Häufig finden Blockveranstaltungen auch ganztägig an den Wochenenden statt. Studierende mit Kind(ern) können an diesen Veranstaltungen nur dann teilnehmen, wenn der Partner oder die Partnerin die Kinderbetreuung in dieser Zeit übernehmen kann oder sie privat eine Kinderbetreuung organisieren können. Dies stellt Eltern, insbesondere Alleinerziehende, häufig vor Probleme und führt dazu, dass sie nur einen Bruchteil der angebotenen Seminare und Vor-

---

aufgrund eines damit verbundenen kurz –oder mittelfristigen Ausscheidens aus dem Erwerbsleben bzw. dem Ausbildungsprozess. (vgl. ebd. S. 57ff)

51 Vgl. Middendorf, E. 2008: Kinder eingeplant? Lebensentwürfe Studierender und ihre Einstellung zum Studium mit Kind. Und: BMBF 2008: Studieren mit Kind, S. 59

52 Vgl. Deutscher Industrie- und Handelskammerring (DIHK) 2008: Der Kita-Check. Kinderbetreuung in Deutschland 2008. S. 8ff

lesungen tatsächlich besuchen können. Verschärft wird diese Problematik durch die im Rahmen der Umstellung auf Bachelor- und Masterstudiengänge gestiegene Verschulung des Studiums und die damit verbundenen Präsenzpflichten in den Veranstaltungen.[53]

Ebensolches gilt für die Betreuung bei Krankheit des Kindes oder bei Schließungszeiten der Kindertageseinrichtung. In solchen Fällen gibt es für studierende Eltern kaum andere Möglichkeiten, als die Betreuung selbst zu organisieren oder zu übernehmen. Denn eine (institutionelle) Notfallbetreuung gibt es für diese Fälle nicht. Diesen Bedarf müsste ein Hochschulangebot ebenfalls decken können.

Daneben spielt auch der Umfang der regulären Betreuung eine Rolle. Anders als Beschäftigte mit geregelter Arbeitszeit haben Studierende – bedingt durch den Semesterstundenplan – halbjährlich veränderte Studien-, Präsenz- und Arbeitszeiten, die noch dazu im Tagesverlauf häufig Lücken aufweisen: Veranstaltungen (Vorlesungen, Seminare, Übungen etc.) dauern in der Regel 2 Stunden und starten zu jeder geraden Stunde - also 8 Uhr, 10 Uhr, 12 Uhr usw. Nicht immer können sie jedoch so gewählt werden, dass stets eine Veranstaltung an die andere anschließt, sodass Pausen zwischen den Seminaren von zwei oder auch vier Stunden entstehen. Insbesondere Eltern von Kindern unter drei Jahren wünschen sich dann in der Regel, die Kinder in diesen Pausen bei sich zu haben und die Betreuung nur für die tatsächlich benötigten Präsenzzeiten in Anspruch zu nehmen.[54] Da fast die Hälfte aller studierenden Eltern ein Kind im Alter von unter drei Jahren hat, betrifft dieser Umstand einen großen Teil von ihnen.[55]

In institutionellen Betreuungseinrichtungen (Kindergärten, Kindertagesstätten) ist diese Flexibilität jedoch nicht möglich. In der Regel erfolgt die Betreuung hier in zuvor gebuchten Zeitvolumina von 25, 35 oder 45 Stunden pro Woche bzw. 5, 7 oder 9 Stunden pro Tag. (Je nach Bundesland gibt es hiervon geringe Abweichungen.)[56] Die Kin-

---

53 Vgl. Wissenschaftlicher Beirat für Familienfragen (Hrsg.) 2011: Ausbildung, Studium und Elternschaft, S. 88ff

54 Als Quelle dieser Aussage dienen Erfahrungen aus meiner Beratungsarbeit als Leiterin des Eltern-Service-Büros der Fachhochschule Dortmund.

55 Vgl. BMBF 2008: Studieren mit Kind, S. 3

56 Quellen: für Bayern: Bayerisches Staatsministerium für Arbeit und Sozialordnung, Familie und Frauen: Bildungs- und Erziehungsplan; für Baden-Württemberg: Landesrecht BW Bürgerservice: Kindergartenförderungsgesetz; für Berlin: Berlin.de – Das Hauptstadtportal: Bildung, Er-

der müssen also bis zu einer bestimmten Uhrzeit in die Kindertagesstätte (kurz: Kita) gebracht werden (in der Regel zwischen 7.30 und 9.00 Uhr) und dürfen nur innerhalb festgelegter Zeiträume wieder abgeholt werden (häufig vor dem Mittagsschlaf, also zwischen 11.30 und 12.30 Uhr oder nach dem Mittagsschlaf, also ab ca. 14.00 oder 14.30 Uhr). Ein zwischenzeitliches Abholen und späteres wiedrholtes Abgeben der Kinder ist in der Regel nicht möglich.[57]

Der zeitliche Betreuungsbedarf studierender Eltern weicht also vom vorhandenen Angebot in dreierlei Hinsicht ab: zum Ersten in Bezug auf die Verfügbarkeit in den Abendstunden und am Wochenende, zum Zweiten hinsichtlich der Notwendigkeit einer Notfallbetreuung und zum Dritten in Bezug auf Flexibilität bei den Bring- und Abholzeiten. Deshalb sind studierende Eltern gezwungen, ihre Zeitkontingente dem vorhandenen Betreuungsangebot anzupassen, was das Zeitfenster für studienbezogene Tätigkeiten einerseits und die Flexibilität in der Studiengestaltung andererseits erheblich verringert. Um dem Abhilfe zu schaffen, müssen Betreuungsangebote für Hochschulangehörige über ein besonders hohes Maß an zeitlicher Flexibilität verfügen – sowohl hinsichtlich des Umfangs und

---

ziehung und Betreuung in Kindertageseinrichtungen Berlins; für Brandenburg: Land Brandenburg - Ministerium für Arbeit, Frauen und Familie: Kindertagesstätten; für Bremen: Kita Bremen – Kindergarten-Info; für Hamburg: Vereinigung Hamburger Kindertagesstätten GmbH: Bewilligung und Kosten von Kindertagesbetreuung; für Hessen: Hessenrecht – Rechts- und Verwaltungsvorschriften: Hessisches Kinder- und Jugendhilfegesetzbuch; für Mecklenburg-Vorpommern: Juris-Rechtsportal: Kindertagesförderungsgesetz – KiföG M-V; für Niedersachsen: Niedersächsisches Vorschriften-Informationssystem (NI-Voris): Gesetz über Tageseinrichtungen für Kinder (KitaG); für NRW: Anlage zu §19 des Kinderbildungsgesetzes KiBiz (vgl. Ministerium für Familie, Kinder, Jugend, Kultur und Sport des Landes Nordrhein-Westfalen), für Rheinland-Pfalz: Ministerium für Integration, Familie, Kinder, Jugend und Frauen – Kita-Server: Kindertagesstättengesetz; für das Saarland: Landesrecht Saarland - Saarländisches Kinderbetreuungs- und -bildungsgesetz (SKBBG); für Sachsen: Sachsen.de – Sächsisches Gesetz zur Förderung von Kindern in Tageseinrichtungen; für Sachsen-Anhalt: Landesrecht Sachsen-Anhalt: Kinderförderungsgesetz KiFöG; für Schleswig-Holstein: Landesregierung Schleswig-Holstein: Kindertagesstättengesetz; für Thüringen. Thüringer Ministerium für Bildung, Wissenschaft und Kultur: Thüringer Kindertageseinrichtungsgesetz

57 Vgl. ebd. sowie eigene Erfahrungen und Ergebnisse aus Erhebungen und Befragungen von Eltern im Rahmen meiner Beratungstätigkeit

der Verteilung der Betreuungskontingente als auch hinsichtlich der Anpassung der Betreuungszeiten an den sich halbjährlich ändernden Bedarf.

Auch die örtliche Erreichbarkeit der Betreuungseinrichtung spielt hinsichtlich des studentischen Bedarfs eine wichtige Rolle: Damit keine langen Wegezeiten entstehen, wünschen sich nahezu alle studierenden Eltern eine Kinderbetreuung in Wohnort- oder Hochschulnähe.[58] Aufgrund der eingangs beschriebenen unzureichenden Bedarfsdeckung hinsichtlich der Betreuungsplätze ist der realisierte Betreuungsplatz jedoch nicht selten in örtlicher Entfernung zum Wohn- bzw. Studienort. Der beschriebene Rechtsanspruch auf einen Betreuungsplatz (ab dem dritten Lebensjahr) bedeutet nämlich lediglich das Recht auf eine Betreuung *innerhalb der Kommune,* nicht aber innerhalb des Wohnviertels oder in Hochschulnähe. Insbesondere in großen Städten oder Kommunen kann damit der Weg vom Wohn- oder Studienort bis zur Kita mitunter lang sein. Daher liegt für fast jedeN sechsteN StudierendeN die Betreuungseinrichtung des Kindes weder im Wohnviertel noch in Hochschulnähe.[59] In den Altersgruppen, für die das Betreuungsangebot noch schlechter ausgebaut ist (also für Kinder unter drei Jahren und für Schulkinder), verschärft sich diese Situation. Besonders für studierende Eltern, die nicht in derselben Stadt leben, in der sie studieren, ergibt sich ein weiteres Problem: Die kommunale Zuständigkeit für Kinderbetreuungsplätze zieht es nach sich, dass einen kommunal geförderten Betreuungsplatz nur bekommt, wer seinen Erstwohnsitz in der Kommune hat, in der das Kind betreut werden soll. Da studierende Eltern häufig aus dem Umland kommen oder aus einer benachbarten Stadt, können diese ihr Kind prinzipiell nicht in Hochschulnähe betreuen lassen.[60]

Daraus ergibt sich ein besonderer Bedarf hinsichtlich einer Betreuung in Hochschulnähe -unabhängig vom Wohnort der Eltern- und hinsichtlich ausreichender Kontingente für die Altersgruppe unter drei Jahren sowie für die Nachmittagsbetreuung der Schulkinder.

---

58 Vgl. BMBF 2008: Studieren mit Kind. S. 43f

59 Vgl. Ebd. S. 44

60 Erfahrungen aus meiner eigenen Beratungsarbeit für Eltern an der Fachhochschule Dortmund zeigten, dass dieser Umstand ein häufig auftretendes Problem ist, welches insbesondere in Ballungsgebieten sehr viele Eltern betrifft, wo mehrere Kommunen sehr nah bei einander liegen – wie beispielsweise im Ruhrgebiet,.

Ein weiteres Kriterium für bedarfsgerechte Kinderbetreuung ist die Finanzierbarkeit. Das finanzielle Budget Studierender ist in der Regel insgesamt geringer als dasjenige erwerbstätiger Personen. Die Einnahmen setzen sich zumeist aus mehreren Quellen zusammen, wobei im Gegensatz zu kinderlosen Studierenden die Geldmittel von den Eltern der Studierenden eine untergeordnete Rolle spielen und der Selbstfinanzierungsanteil durch Erwerbsarbeit größere Bedeutung hat. Ebenso spielt BAföG eine sehr wichtige Rolle, um überhaupt das Studium mit Kind finanzieren zu können.[61] Damit Studierende das Angebot einer Kinderbetreuung in Anspruch nehmen können, muss diese bezahlbar, also der Kostenbeitrag an ihrem Einkommen ausgerichtet sein. Optimal wäre selbstverständlich eine für alle Studierenden kostenfreie Kinderbetreuung, damit die Gefahr einer finanziellen Mehrbelastung durch die Betreuungsbeiträge ausgeschlossen wird.

Die Gebührenhöhe für die Kinderbetreuung legt jede Kommune selbst fest. Die zu zahlenden Beträge richten sich dabei überwiegend nach dem Brutto-Einkommen der Eltern. (Dabei werden jedoch die monatlichen Ausgaben außer Acht gelassen.) Hinsichtlich ihrer Höhe lässt sich in den letzten Jahren eine deutlich positive Entwicklung feststellen: Im Zeitraum 2008 bis 2010 sind die Beiträge, die Eltern für die Betreuung ihrer Kinder zahlen mussten, um durchschnittlich 16% gesunken. Durch die steigenden kommunalen Subventionen für Kindertageseinrichtungen wird sich dieser Trend weiter fortsetzen. Außerdem führen immer mehr Bundesländer die Beitragsfreiheit für das letzte, die letzten beiden oder gar drei Kindergartenjahre ein. Trotzdem gibt es deutschlandweit zum Teil erhebliche Unterschiede in der Gebührenhöhe, die für Durchschnittsverdiener von völliger Beitragsfreiheit (wie in Heilbronn, Düsseldorf oder Trier) bis hin zu rund 2000 Euro jährlich reicht (wie in Cottbus oder Bremen). [62] Für die Betreuung von Kindern unter drei Jahren liegen die Elternbeiträge im bundesweiten Durchschnitt noch höher. Sowohl die Betreuung durch Tagespflegepersonen, die in den westlichen Bundesländern vorherrschend ist, als auch ein Krippenplatz (in den östlichen und südlichen Bundesländern die überwiegende Betreuungsform für diese Altersgruppe) sind jeweils teurer als ein Kinder-

---

61 Vgl. BMBF 2008: Studieren mit Kind. S. 33ff

62 Vgl. Initiative Neue Soziale Marktwirtschaft (INSM): Kindergartenmonitor

gartenplatz. Eine generelle Beitragsfreiheit gibt es für diese Altersgruppe in keiner deutschen Kommune.[63]

Für studierende Eltern – insbesondere für die große Zahl derjenigen, deren Kind(er) unter drei Jahren sind - können sich dadurch erhebliche Probleme ergeben, weil sie sich finanziell einer Mehrfachbelastung durch Studium und Elternschaft ausgesetzt sehen, die durch die Betreuungsgebühren noch verstärkt wird. Hinzu kommen die derzeit in drei Bundesländern geltenden Studiengebühren und die in weiteren 7 Bundesländern erhobenen Gebühren für Langzeitstudierende (d.h. länger als die Regelstudienzeit), die jeweils zwischen 375 € und 800 € pro Semester liegen.[64]

Bedarfsgerechte Kinderbetreuung muss also diese finanzielle Mehrbelastung kompensieren, bei einer eventuellen Beitragserhebung nicht die Brutto-, sondern die Nettoeinnahmen als Berechnungsgrundlage nehmen und dabei auch die durchschnittlichen monatlichen Ausgaben (Miete, Strom, Verkehrsticket/Auto) berücksichtigen. Sie sollte insbesondere dort besonders günstig oder bestenfalls kostenfrei sein, wo studierende Eltern durch Studiengebühren zusätzlich finanziell belastet sind und/oder dort einen Ausgleich schaffen, wo die kommunalen Betreuungsangebote vergleichsweise teuer sind und die Lebenshaltungskosten höher liegen.[65]

Trotz dieses Bedarfs an niedrigen Elternbeiträgen darf der pädagogische Standard nicht leiden. Für alle Eltern ist eine Kinderbetreuung auf pädagogisch hohem Niveau wichtig, wobei die Achtsamkeit der Eltern hinsichtlich dieses Kriteriums mit höherer Bildungsbeteiligung wächst. Studierenden - als Personengruppe mit hoher Bildungsbeteilung - ist es daher erfahrungsgemäß besonders wichtig, ihr Kind nicht nur betreut, sondern ‚in guten Händen' zu wissen.[66] Ein hochschulspezifisches Betreuungsangebot muss also zum einen gut ausgebildetes Personal vorhalten, das auch den kommunalen Anforderungen an Kinderbetreuungspersonen entspricht.

---

63 Vgl. BMFSFJ: Der Gender-Datenreport – Kinderbetreuungsangebote und Erwerbstätigkeit

64 Vgl. Studieren.de: Studiengebühren in Deutschland

65 Die höchsten Lebenshaltungskosten für Studierende gibt es in Friedrichshafen, Sigmaringen und Aschaffenburg. Auch Hamburg liegt hier im teureren Bereich. Vgl. unicum.de – Lebenskostenrechner Deutschland

66 Quelle: Eigene Beratungserfahrungen und Berichte anderer Berater_innen an Hochschulen, die ich Rahmen des Austauschs im Netzwerk „familiengerechte hochschule" gesammelt habe

Diese sind (z.B. in NRW) eine abgeschlossene Ausbildung als ErzieherIn, im Falle der Betreuung von U3-Kindern[67] eine Zusatzausbildung im Bereich der Kleinkindpflege und Frühpädagogik oder die Qualifikation als Kindertagespflegeperson.[68] Zum anderen müssen hinsichtlich des Betreuungsschlüssels (also der Anzahl der betreuten Kinder pro Betreuungsperson) altersspezifische Mindestanforderungen erfüllt werden. Je nach den landesrechtlichen Vorgaben muss ein etwaiges Hochschulangebot diese unter Umständen noch übertreffen.[69] So sollte der Betreuungsschlüssel für die unter 3-Jährigen nicht über 1:5[70] liegen und für die über 3-Jährigen nicht über 1:9. Insbesondere für die kleineren Kinder ist außerdem sehr wichtig, dass der Eingewöhnung und dem Beziehungsaufbau zu den Betreuungspersonen ein besonderer Stellenwert beigemessen wird. Denn für diese Altersgruppe ist wegen des besonderen Bindungsverhaltens das behutsame und langsame Gewöhnen an das „Abgeben" in die Betreuungseinrichtung und die dadurch bedingte partielle Loslösung von der primären Bezugsperson von besonderer Bedeutung. Ein ganzheitlicher, auf Kooperation mit den Eltern ausgerichteter und auf die frühkindlichen Bildungsbedürfnisse abgestimmter Ansatz ist hinsichtlich des pädagogischen Konzeptes eines hochschulspezifischen Angebots also besonders wichtig. Dieser Anspruch lässt sich für alle Statusgruppen - Studierende und Beschäftigte - konstatieren.

---

67 U3 ist die allgemein gültige Abkürzung für den Altersbereich unter drei Jahren.

68 Vgl. Landesverband Kindertagespflege NRW: Kinderförderungsgesetz (KiföG) und Ministerium für Familie, Kinder, Jugend, Kultur und Sport des Landes Nordrhein-Westfalen: KiBiz

69 In einigen Bundesländern gibt es hierzu keine Regelungen, sondern lediglich Richtlinien. Der bundesdeutsche Durchschnitt liegt bei 1:6 für die unter 3-Jährigen und bei 1:7,7 in altersgemischten Gruppen. Bei den über 3-Jährigen liegt er durchschnittlich höher bei 1:9,3 (vgl. Bertelsmann-Stiftung: Ländermonitor frühkindliche Bildungssysteme: Pressemitteilung 24/2009)

70 So wird es beispielsweise in NRW praktiziert (Quelle: Ministerium für Familie, Kinder, Jugend, Kultur und Sport des Landes Nordrhein-Westfalen: KiBiz, § 19)

3.1.2 Deckung der Bedarfe von Beschäftigten

Wie eingangs erwähnt, handelt es sich bei den Beschäftigten einer Hochschule um eine Personengruppe, die in ihrer Heterogenität stark abweicht von den Beschäftigten anderer Organisationen, wie beispielsweise Wirtschaftsunternehmen. Sie besteht aus mindestens zwei großen Gruppen, den wissenschaftlich und den nicht-wissenschaftlich Beschäftigten, mit jeweils ganz unterschiedlichen zeitlichen und inhaltlichen Arbeitsanforderungen und dementsprechend unterschiedlichen Bedürfnissen hinsichtlich der Kinderbetreuung.

Die Gruppe der Verwaltungsangestellten (der so genannten nicht-wissenschaftlich Beschäftigten) ist diejenige, die hinsichtlich ihrer zeitlichen, räumlichen und finanziellen Anforderungen an Kinderbetreuung am ehesten vergleichbar ist mit den Beschäftigten in Wirtschaftsunternehmen. Denn das nicht-wissenschaftliche Personal an Hochschulen arbeitet in der Regel wochentags, d.h. montags bis freitags, innerhalb zuvor festgelegter Arbeitszeiten, die dem jeweiligen Stellenanteil entsprechen (z.B. 39 Stunden bei einer vollen Stelle, 19,5 Stunden bei einer halben Stelle usw.). Es ist in der Regel nicht vorgesehen, dass Arbeit mit nach Hause genommen wird oder am Wochenende gearbeitet wird, spezielle Überstundenregelungen sollen durch gezielten zeitnahen Freizeitausgleich einer zu großen Überstundenanzahl vorbeugen.[71] Zudem bieten immer mehr Hochschulen, insbesondere diejenigen, die als familienfreundliche Hochschulen zertifiziert sind, Gleitzeitregelungen für die Verwaltungsangestellten, sodass diese ihre wöchentliche Arbeitszeit innerhalb bestimmter Zeitfenster - beispielsweise zwischen 07.00 Uhr und 20.00 Uhr - flexibel einteilen können.[72] Nicht-wissenschaftlich beschäftigte Eltern können also ihre Arbeitszeit in der Regel entsprechend den Öffnungszeiten von Kinderbetreuungseinrichtungen (siehe oben) einteilen. Darüber hinaus gehende Bedarfe abends oder am Wochenende sind bei ihnen eher die Ausnahme (z.B. bei Fortbildungen oder Tagungen). Für diese Beschäftigungsgruppe müsste

---

71 Quelle: Eigene Erfahrungen als nicht wissenschaftlich Beschäftigte an der FH Dortmund, Berichte von nicht wissenschaftlich Beschäftigten aus anderen Hochschulen (Ruhr-Universität Bochum, ev. Fachhochschule Bochum, Hochschule Magdeburg-Stendal, Hochschule Mönchengladbach, Universität Duisburg-Essen, TU Dortmund)

72 Vgl. berufundfamilie gGmbH 2008a: für die Praxis: Standortvorteil familiengerechte Hochschule, S. 11ff

ein hochschulspezifisches Angebot also lediglich die mangelnden Platzkontingente - insbesondere im U3-Bereich und im Nachmittagsbereich für Schulkinder - ausgleichen (siehe 3.1.1.), nicht jedoch die Flexibilität der Betreuungszeiten.

Hinsichtlich der Notfallbetreuung verhält es sich bei dieser Personengruppe ähnlich wie bei den Studierenden: Auch für sie wäre eine Betreuung im Notfall sinnvoll und notwendig. Eine ebensolche Analogie zu den Studierenden gilt im Hinblick auf die örtliche Erreichbarkeit: Die oben erwähnte Hochschulnähe der Kinderbetreuung ist für diese Personengruppe u. U. noch wichtiger und sinnvoller, weil die Eltern aufgrund ihrer Beschäftigung in der Regel länger an der Hochschule verweilen als es die Studierenden tun und somit die Kinder in der hochschulnahen Einrichtung mit hoher Wahrscheinlichkeit die gesamte Kindergartenzeit verbleiben.

Auch in Bezug auf die Finanzierbarkeit bestehen bei den Beschäftigten ähnliche Bedarfe wie bei den Studierenden: Die Beitragshöhe sollte sich, entgegen den vorherrschenden kommunalen Regelungen, nach dem Netto-Einkommen richten und die durchschnittlichen monatlichen Ausgaben (wie Miete, Strom, Abzahlungen, Auto und andere Fixkosten) berücksichtigen. Insbesondere in Regionen, in denen die Lebenshaltungskosten hoch sind, sollten niedrige Betreuungsbeiträge dies kompensieren.

Die wissenschaftlich und künstlerisch Beschäftigten (die Bezeichnung richtet sich nach Art der Hochschule bzw. nach dem Forschungsgebiet) unterscheiden sich nicht nur hinsichtlich ihrer zeitlichen Arbeitsgestaltung von den nicht-wissenschaftlich Beschäftigten, sondern auch im Hinblick auf die Arbeit selbst und ihre Ausgestaltung. Beides hat Auswirkungen auf ihre Bedarfe hinsichtlich der Kinderbetreuung: Ihrer Arbeitszeit innerhalb der Woche können wissenschaftlich und künstlerisch Beschäftigte (im Folgenden zusammenfassend als wissenschaftlich Beschäftigte bezeichnet) vergleichsweise frei einteilen. Festlegen müssen sie sich natürlich hinsichtlich der Zeiten für Lehrangebote und Sprechstunden für Studierende - sofern sie einen Lehrauftrag haben. Darüber hinaus richten sich die Arbeitszeiten jedoch in der Regel nach ihren Bedürfnissen bzw. den Erfordernissen des Forschungsfeldes oder Forschungsziels. Im Umkehrschluss heißt das jedoch meist auch, dass von wissenschaftlich Beschäftigten häufig eine permanente zeitliche Verfügbarkeit erwartet wird.[73] Die Idealerwartung von bedingungsloser Hingabe an die wissenschaftliche Tätigkeit führt dazu, dass diese Beschäftigten meist viel mehr arbeiten als es ihre vertragliche Arbeitszeit vorsieht.[74] Außerdem bringt die Forschungsarbeit es häufig mit sich, dass am Wochenende oder am Abend gearbeitet werden muss. Grund dafür sind Tagungen, Forschungsreisen, mehrtägigen Veranstaltungen, Sitzungen innerhalb und außerhalb der Hochschule und vieles mehr. Wissenschaftlich beschäftigte Eltern haben also einen ähnlichen Bedarf an die zeitliche Flexibilität eines Kinderbetreuungsangebotes wie ihn die Studierenden haben. Auch bei ihnen geht es zum einen um die Betreuung im Abendbereich und am Wochenende (bei Bedarf) und zum anderen um flexible Abhol- und Bringzeiten, insbesondere bei Kindern unter 3 Jahren – siehe auch 3.1.1. Auch der Bedarf an Betreuung im Notfall (bei Krankheit oder Ausfall des regulären Betreuungsangebotes) ist bei ihnen vorhanden.

Eine Kompensation der mangelnden Kontingente an institutionellen Betreuungsplätzen durch ausreichend Plätze innerhalb des Hochschulangebotes ist für Eltern dieser Statusgruppe besonders wichtig. Denn wissenschaftlich beschäftigte Eltern sind gezwungen, bald nach der Geburt wieder zu arbeiten. Grund dafür sind recht eng bemessene Fristen, innerhalb derer man als Wissenschaftler_in eine Weiterqualifikation erlangen muss (vom Studienabschluss zur Promotion zur Habilitation/Juniorprofessur), um auch weiterhin in der Wissenschaft beschäftigt sein zu können.[75] Diese Beschäftigungsgruppe ist daher ähnlich dringend auf eine frühe Betreuung ihrer Kinder angewiesen wie die Studierenden es sind. Übersetzt auf die Anforderungen eines Hochschulbetreuungsangebotes bedeutet dies

---

73 Vgl. Bundesministerium für Bildung und Forschung (BMBF) 2010, S. 8ff; Ver.di: Der wissenschaftliche Mittelbau an deutschen Hochschulen

74 Im Durchschnitt arbeiten selbst die Teilzeitbeschäftigten unter ihnen über 40 Stunden pro Woche (vgl. Ver.di: Der wissenschaftliche Mittelbau an deutschen Hochschulen)

75 Vgl. BMBF: Gesetz über befristete Arbeitsverträge in der Wissenschaft (WissZeitVG). Zwar werden pro Kind 2 zusätzliche Jahre Zeit gewährt. Dieser Zeitraum erscheint jedoch für viele Wissenschaftler_innen angesichts der entstehenden Doppelbelastung von Familie und Forschung als zu gering. (vgl. § 2 Abs. 1 Satz 3 WissZeitVG – Bundesministerium der Justiz)

das Vorhalten zahlreicher Betreuungsplätze, insbesondere im U3-Bereich.

Auch hinsichtlich des Standortes für die Kinderbetreuung gelten bei den wissenschaftlich Beschäftigten ähnliche Kriterien wie bei Studierenden: Auch für sie ist die Hochschulnähe des Angebotes wichtig – einerseits entstehen ihnen dann keine längeren Wegezeiten, andererseits kompensiert dies insbesondere für diejenigen Eltern die Mängel des institutionellen Angebots, die aufgrund ihres Erstwohnsitzes in einer anderen Kommune keinen Betreuungsplatz innerhalb der Kommune der Hochschule bekommen können (siehe auch 3.1.1).

Hinsichtlich der Finanzierbarkeit ergibt sich aus der Einkommensstruktur des wissenschaftlichen Personals ein Bedarf, der vergleichbar ist mit dem der bisher untersuchten Statusgruppen: Die Beitragsberechnung sollte sich am Nettoeinkommen und den durchschnittlichen monatlichen Lebenshaltungskosten/Fixkosten orientieren. Das ist insbesondere für diejenigen wichtig, die noch am Anfang ihrer Wissenschaftskarriere stehen (Promotionsphase) und damit zumeist über ein vergleichsweise geringes Einkommen verfügen.

3.1.3 Zusammenfassung der Bedarfskriterien für Hochschulangehörige

Die Bedürfnisse von studierenden Eltern sowie von wissenschaftlich und nicht-wissenschaftlich Beschäftigten mit Kindern wurden in den letzten Abschnitten herausgearbeitet und lassen sich zu Kriterien für ein hochschulspezifisches Betreuungsangebot zusammenführen. Demnach muss ein solches Angebot folgende Merkmale vorweisen:

- Zeitliche Verfügbarkeit über die institutionell geltenden Betreuungszeiten hinaus, insbesondere abends und am Wochenende
- Individuelle Vereinbarkeit der Bring- und Abholzeiten, insbesondere im Bereich der Betreuung von unter 3-Jährigen
- Ein Platzkontingent, das dem tatsächlichen Bedarf entspricht, d.h. insbesondere eine höhere Zahl an U3-Plätzen und an Nachmittagsbetreuung für Schulkinder, da diese Altersgruppen im

Bereich der institutionellen Versorgung in vielen Regionen mangelhaft abgedeckt sind.

- Angebot einer Kurzzeit- und einer Notfallbetreuung
- Hochschulnähe des Betreuungsangebotes
- Berechnung der Elternbeiträge aus dem Nettoeinkommen unter Beachtung der monatlichen Fixkosten. Niedrigere Beiträge in Regionen, in denen Lebenshaltungskosten und/oder Preise für institutionelle Betreuung besonders hoch sind; möglichst Beitragsfreiheit für Eltern mit geringem Einkommen (bzw. geringem Selbstbehalt nach Abzug der Fixkosten)
- Hoher pädagogischer Standard: Betreuung nur durch ausgebildete Erzieher_innen, im U3-Bereich auch durch Tageseltern oder Erzieher_innen mit einer Zusatzqualifikation zur Kleinkindpflege, Betreuungsschlüssel U3: mindestens 1:5, Ü3[76]: mindestens 1:9

3.2 Betriebswirtschaftliche und institutionelle Kriterien

Neben den Kriterien, die ein Betreuungsangebot für die Hochschulangehörigen als zukünftige Nutzer_innen erfüllen muss, ist es auch wichtig, die Bedingungen zu beleuchten, die von Seiten der Hochschulleitung an ein solches Angebot gestellt werden. Dabei handelt es sich in erster Linie um betriebwirtschaftliche Kriterien, welche im Folgenden dargestellt werden.

3.2.1 Deckung des quantitativen Betreuungsbedarfs

Um die im zweiten Kapitel beschriebenen positiven Effekte familienfreundlicher Maßnahmen nutzen zu können, müssen die entsprechenden Maßnahmen dem vorhandenen Bedarf gerecht werden. Wenn also mit der Einführung eines Kinderbetreuungsangebotes der oben beschriebene betriebswirtschaftliche Nutzen erzielt werden soll, so muss dieses Angebot nicht nur die unter 3.1. beschriebenen *qualitativen* Bedarfe decken, sondern vor allem auch *quantita-*

76 Ü3 ist die allgemein geltende Abkürzung der Altersgruppe zwischen 3 Jahren und dem Schuleintritt.

tiv bedarfsdeckend aufgestellt sein. Bei einem nicht ausreichenden Kontingent an Betreuungsplätzen geht nämlich jene betriebswirtschaftliche Kosten-Nutzen-Rechnung trotz getätigter Investitionen nicht auf, weil nach wie vor eine Unterversorgung mit Betreuungsplätzen herrscht.

Deshalb bedarf es vor der Entscheidung über Art und strukturelle Form des Kinderbetreuungsangebotes genauer Kenntnis darüber, wie hoch der quantitative Betreuungsbedarf in der Hochschule ist. Danach richtet sich das Kontingent an Plätzen, die hierbei vorgehalten werden. Eine Vorab-Evaluation bei den Beschäftigten und Studierenden ist daher sinnvoll und aus betriebswirtschaftlicher Sicht notwendig. Damit soll nicht nur eine Unter-, sondern auch eine Überversorgung, und damit eine unnötige finanzielle Mehrausgabe, verhindert werden. Auch nach Installation des Betreuungsangebots sind regelmäßige Bedarfserhebungen notwendig (empfehelnswert wäre einmal pro Jahr oder einmal pro Semester) – insbesondere bei den befristet Beschäftigten und den Studierenden, da diese nach Beendigung des Studiums die Hochschule verlassen, manche von ihnen auch schon früher (durch Studienabbruch oder Hochschulwechsel).

Durch die Häufigkeit befristeter Arbeitsverträge im wissenschaftlichen Bereich (WissZeitVG – siehe 3.1.2) und den ständigen Zu- und Abgang von Studierenden unterliegt der Betreuungsbedarf im Setting Hochschule einer recht schnellen Dynamik. Die langfristige Vorausplanung eines festen Platzkontingents für Betreuungsplätze in den verschiedenen Altersgruppen erscheint daher schwierig und wirtschaftlich riskant. Aus betriebswirtschaftlicher Sicht wäre deshalb ein Betreuungsmodell optimal, bei dem sich die Hochschulleitung hinsichtlich des Platzkontingentes nicht langfristig festlegen müsste, sondern welches stattdessen von Jahr zu Jahr einen gewissen Spielraum zulässt, innerhalb dessen die Anzahl der Betreuungsplätze variieren kann.

3.2.2 Finanzierungskriterien

Die Kosten für den Aufbau und den Betrieb von Kinderbetreuungsangeboten variieren stark – je nachdem, welche Organisationsform hierfür gewählt wird. Ähnlich wie bei der betrieblichen Kinderbetreuung in Wirtschaftsunternehmen existieren auch an Hochschulen bereits verschiedene praxiserprobte Modelle. Betriebswirtschaftlich besonders interessant sind dabei natürlich diejenigen, die für die Hochschule die geringsten Kosten verursachen bei gleichzeitig möglichst bedarfsdeckender Betreuungsleistung. Im Folgenden werden mögliche Betreuungsmodelle hinsichtlich der jeweils entstehenden Kosten für die Hochschule untersucht und danach beurteilt, welche von ihnen aus finanziellem Interesse heraus zu favorisieren sind.

Der Betrieb einer eigenen Betreuungseinrichtung durch die Hochschule oder in Kooperation mit einem anderen Unternehmen ist eine Variante, bei der die Hochschule den wohl größten Gestaltungsspielraum hinsichtlich der räumlichen Ausstattung, der personellen Besetzung und der inhaltlichen und pädagogischen Ausrichtung hat. Gleichzeitig ist dies jedoch auch die kostenintensivste Variante. Hohe finanzielle Belastungen ergeben sich einerseits aus den zuvor zu tätigenden Investitionskosten für den Bau bzw. Umbau von entsprechenden Räumlichkeiten,[77] andererseits aus den Kosten für den laufenden Betrieb. Letztere hängen im Wesentlichen von den täglichen, wöchentlichen und jährlichen Öffnungszeiten und dem Alter der Kinder ab und sind umso höher, je jünger die zu betreuenden Kinder und je länger die Öffnungszeiten der Einrichtung sind.[78] Vor dem Hintergrund des unter 3.1 ermittelten Bedarfs an *flexibler* Betreuung mit *langen* Öffnungszeiten ergibt sich für dieses Betreuungsmodell ein enormer Kostenaufwand für die Hochschule. Aus betriebswirtschaftlicher Sicht ist der Eigenbetrieb einer Kindertageseinrichtung daher für eine Hochschule nicht zu favorisieren, insbesondere dann nicht, wenn es sich um eine kleinere Hochschule handelt, weil hier finanzieller Aufwand und zu erwartender Nutzen in einem wirtschaftlich besonders unausgewogenen Verhältnis stehen.

Hinsichtlich der finanziellen Ausgaben sind stattdessen jene Betreuungsmodelle interessant, welche vorab keine Investitionskosten für die Hochschule verursachen. Hierfür ergeben sich mehrere Möglichkeiten: Die Hochschule kann einen freien, kirchlichen oder

---

[77] Diese liegen beim Neubau einer Ganztagsbetreuungseinrichtung bei ca. 435.000 € pro Gruppe. (vgl. Wirtschaftsministerium Baden-Württemberg 2005: Betrieblich unterstützte Kinderbetreuung, S. 39)

[78] Die Kosten für die Regelbetreuung in einer Kindertageseinrichtung liegen monatlich bei ca. 460 € bis 537 € pro Kind, bei Kindern unter 3 Jahren um ca. 256 € höher (vgl. ebd. S. 40)

kommunalen Träger oder eine Elterninitiative mit der Kinderbetreuung beauftragen. In Betrieben, in denen dieses Modell praktiziert wird, zahlen die Unternehmen – in diesem Falle also die Hochschule - dafür einen bestimmten Betrag an den Träger bzw. die Elterninitiative. Dieser ist entsprechend höher, wenn es sich um eine Einrichtung handelt, die der Träger eigens zum Zweck der Betreuung von Kindern von Hochschulangehörigen gebaut hat, weil sich dann die Investitionskosten des Trägers in dem zu entrichtenden Betrag der Hochschule widerspiegeln. Aus betriebswirtschaftlicher Sicht ist die empfehlenswertere Variante dieses Modells daher die Betreuung in einer bereits bestehenden Einrichtung des Trägers, weil dann der zu entrichtende Beitrag der Hochschule niedriger ist. Außerdem sollte der Träger bzw. die Elterninitiative beim zuständigen Träger der Jugendhilfe (Jugendamt) anerkannt sein als Träger der Kindertagesbetreuung. Denn dann wird der Großteil der laufenden Betriebs- und Personalkosten durch Land und Kommune gedeckt und für den Betreiber der Einrichtung entfällt lediglich ein Trägeranteil. Dieser differiert in den einzelnen Bundesländern stark und liegt zwischen 0% und 30%.[79] Bei der Entscheidung des Trägers, wie hoch der zu leistende Kostenbeitrag der Hochschule für die Kinderbetreuung sein soll, spielt dieser Trägeranteil eine entscheidende Rolle. Für die Hochschule wird es daher umso kostengünstiger, je niedriger der Eigenanteil für den Träger der Einrichtung ist. In Bundesländern, in denen die Anteile innerhalb der Trägerlandschaft variieren (z.B. in NRW: Trägeranteil von Elterninitiativen 4%, von kirchlichen Trägern 12%, von kommunalen Trägern 20%, von sonstigen freien Trägern der Jugendhilfe 9%),[80] sind aus betriebswirtschaftlicher Sicht diejenigen Träger besonders zu favorisieren, deren Trägeranteil besonders gering ist, da hier auch der Kostenbeitrag der Hochschule entsprechend niedriger ausfallen wird.

Eine leicht abgewandelte Variante dieser Kooperation mit freien, kirchlichen oder kommunalen Trägern oder Elterninitiativen ist die Sicherung von Belegrechten. Auch hier übernimmt der Kooperationspartner als Träger der Einrichtung die Kinderbetreuung. Jedoch wird dafür nicht eine komplette Betreuungseinrichtung oder -gruppe benötigt, sondern die Hochschule erwirbt beim Träger eine bestimmte Anzahl an Belegplätzen. Diese können in einer oder

---

79 Vgl. Jaich, R. 2003: Finanzierung der Kindertagesbetreuung in Deutschland, S. 54ff

80 Vgl. Landesregierung Nordrhein Westfalen: neues Kindergartengesetz

mehreren Gruppen und/oder Einrichtungen für Kinder verschiedener Altersstufen sein. Für Hochschulen mit mehreren Standorten ist diese Variante besonders interessant. Verfügt der Träger nämlich über ausreichend Betreuungseinrichtungen im Stadtgebiet, so können Belegrechte in verschiedenen Einrichtungen erworben werden und somit an den verschiedenen Standorten jeweils hochschulnahe Betreuungsplätze angeboten werden. Die Hochschule zahlt pro Belegplatz einen Betrag an den Einrichtungsträger, der sich wiederum an dem Eigenanteil des Trägers und seinen vorhandenen Platzkontingenten orientiert.[81]

Auch für die Nachmittagsbetreuung von Grundschulkindern sind in einigen Bundesländern einzelne Kindertageseinrichtungen zuständig. Das ist insbesondere in jenen Kommunen der Fall, in denen das Angebot an Nachmittagsbetreuung im Schulhort oder in Ganztagsschulen nicht ausreichend ausgebaut ist.[82] Bei beiden genannten Kooperationsvarianten zwischen Hochschule und Trägern von Kinderbetreuungseinrichtungen könnte hier also durch zusätzliche Kontingente gleichzeitig die Nachmittagsbetreuung für Grundschulkinder gesichert werden, sofern die Einrichtung diese Betreuungsform bedient. Andernfalls sind zusätzliche Kooperationen mit örtlichen Ganztagsschulen nötig bzw. mit Schulen, die ein entsprechendes Hortangebot vorhalten.

Insbesondere für die unter 3-Jährigen gibt es eine weitere Betreuungsform: die Kindertagespflege – eine Betreuung durch Tagesmütter und –väter, die durch eine Kooperation zwischen Hochschule und örtlichen Trägern der Kindertagespflege an Hochschulangehörige vermittelt werden. Das quantitative Angebot von Tagespflegepersonen (zumeist Tages*müttern*) ist innerhalb Deutschlands sehr unterschiedlich. In Gebieten, in denen die Betreuung der unter 3-

---

81 Dieses Modell wird beispielsweise an der Universität Stuttgart für die Betreuung von Kindern des wissenschaftlichen Personals praktiziert. (vgl.: Universität Stuttgart: Chancengleichheit und Gleichstellung)

82 Insbesondere in den westdeutschen Bundesländern ist an den Schulen das Betreuungsangebot für Schulkinder im Nachmittagsbereich nicht ausreichend ausgebaut und es können nur für jeden fünften Grundschüler/jede fünfte Grundschülerin (21,4%) Plätze vorgehalten werden. In den ostdeutschen Bundesländern besuchen hingegen gut drei Viertel der Grundschüler_innen (75,4%) die Nachmittagsbetreuung in der Schule. (vgl. Süddeutsche Zeitung: Hort oder Mittagsbetreuung: Im Westen fehlen Ganztagsschulen)

Jährigen in Kindertagesstätten und Krippen relativ gut abgedeckt ist, sind Tagespflegepersonen eher selten (z.B. in Thüringen).[83] Dort, wo die institutionelle Kleinkindbetreuung nicht ausreichend ausgebaut ist, ist die Kindertagespflege die vorherrschende Form der Betreuung für diese Altersgruppe (z.B. in NRW).[84] Dabei arbeiten die Tagespflegepersonen nicht im Angestelltenverhältnis, sondern sind selbstständig tätig und werden vom kommunalen Träger der Jugendhilfe pro Kind und Betreuungsstunde bezahlt. Die Qualifizierung und Vermittlung an die Eltern erfolgt durch die örtlich zugelassenen konfessionellen und/oder freien Träger der Kindertagespflege, die jeweils mit dem Jugendamt und mit den einzelnen Tagespflegepersonen einen Kooperationsvertrag abschließen. Da die Betreuung der Kinder entweder in den eigenen Räumlichkeiten der Tagespflegeperson oder in von ihr angemieteten Räumen erfolgt (hierbei erhält sie vom örtlichen Träger der Jugendhilfe einen Zuschuss für Miete und Betriebskosten), muss der Träger der Kindertagespflege für diese Betreuungsform keinen Eigenanteil leisten. Seine Kosten für die Vermittlung von Tagespflegepersonen sind daher vergleichsweise gering.[85] Das hat zur Folge, dass bei einer Kooperation mit der Hochschule im Sinne einer Vermittlung von Tagesmüttern und -vätern an Kinder von Hochschulangehörigen der zu erwartende Beitrag der Hochschule für diese Dienstleistung an den Träger gering ausfallen wird. – Aus wirtschaftlichen Gesichtspunkten erscheint diese Kooperation für Hochschulen daher besonders interessant.

---

83 Hier ist das institutionelle Betreuungsnetz soweit ausgebaut, dass es seit 2010 einen Rechtsanspruch auf die Betreuung in einer Kindertageseinrichtung ab dem ersten Lebensjahr des Kindes gibt (vgl. Thüringer Ministerium für Bildung, Wissenschaft und Kultur: Thüringer Kindertageseinrichtungsgesetz)

84 Vgl.: Ministerium für Familie, Kinder, Jugend, Kultur und Sport des Landes Nordrhein-Westfalen: Kindertagespflege in Nordrhein-Westfalen

85 Vgl. BFSFJ: Handbuch Kindertagespflege: Wissenswertes für Tagesmütter

3.2.3 Zusammenfassung der aus betriebswirtschaftlicher und institutioneller Sicht in Frage kommenden Betreuungsvarianten

Die Erörterung verschiedener Betreuungsmodelle ergibt, dass vor dem Hintergrund betriebswirtschaftlicher und institutioneller Kriterien folgende Varianten für ein hochschulspezifisches Angebot in Frage kommen:

- Die Übernahme der Betreuung durch einen kirchlichen, freien oder kommunalen Träger bzw. eine Elterninitiative oder
- Der Erwerb von Belegplätzen in einer oder in mehreren Einrichtungen - mit oder ohne Nachmittagsbetreuung von Grundschulkindern - und/oder
- Die Kooperation mit Schulen zur Übernahme der Nachmittagsbetreuung von Schulkindern oder
- Die Kooperation mit Trägern der Kindertagespflege für die Betreuung der unter 3-Jährigen oder
- Ein Konglomerat aus diesen Varianten

Bei der Entscheidung für eine dieser Möglichkeiten spielt die Flexibilität der Hochschule hinsichtlich des Platzkontingentes eine wichtige Rolle. Anzustreben ist ein Modell, bei dem ein Platzkontingent für Hochschulangehörige keine statische Größe ist, sondern möglichst von Jahr zu Jahr an den vorhandenen Bedarf angepasst werden kann.

Inwieweit dieses Kriterium zusammen mit den in 3.1. genannten Bedarfskriterien tatsächlich bei der konzeptionellen Umsetzung erfüllt werden kann, soll das nun folgende Kapitel zeigen.

4 Konzeptionelle Angebotsentwicklung

In den vorangegangenen Kapiteln wurden die Bedarfe (potentieller) Nutzer_innen im Hinblick auf ein hochschulspezifisches Kinderbetreuungsangebot ermittelt und es wurden die Kriterien erörtert, die aus betriebswirtschaftlicher Sicht von Seiten der Hochschule für ein solches Angebot wichtig sind. Darauf aufbauend soll nun ein Betreuungsangebot entwickelt werden, welches diesen Kriterien im größtmöglichen Umfang gerecht wird.

Sowohl hinsichtlich der Bedarfe von Hochschulangehörigen als auch hinsichtlich betriebswirtschaftlicher Kriterien spielt dabei das Alter der zu betreuenden Kinder eine wichtige Rolle: Es zeigte sich in Kap. 3, dass Eltern für die Betreuung von Babys und Kleinkindern andere Wünsche haben als für die Betreuung ihrer schulpflichtigen Kinder und dass mit den unterschiedlichen Altersstufen auch die betriebswirtschaftlichen Kriterien des Betreuungsangebots variieren. Deshalb wird bei der nun folgenden Konzeption unterschieden zwischen dem Angebot für Babys und Kleinkinder (0 bis 3 Jahre), dem Angebot für „Kindergartenkinder" (3 bis 6 Jahre), der Nachmittags- und Ferienbetreuung für Schulkinder und der Notfallbetreuung.[86]

4.1 Betreuung für unter 3-Jährige

Die örtlichen Gegebenheiten spielen bei der Konzeption dieses Betreuungsangebotes eine wichtige Rolle. Das gilt einerseits im Hinblick auf den Grad der Bedarfsdeckung von U3-Plätzen vor Ort, andererseits hinsichtlich des vorherrschenden Modells für die Betreuung dieser Altersgruppe (Kinderkrippe/Kita oder Kindertagespflegepersonen).

Hinsichtlich der regionalen Bedarfsdeckung sind innerhalb Deutschlands starke Unterschiede festzustellen: Zwar wurde 2008

---

86 Besonders ausführlich werden dabei die Angebote für unter 3-jährige Kinder und für Kinder zwischen drei und sechs Jahren ausgeführt: Denn diese Altersstufen bilden unter den Kindern der Hochschulangehörigen die größte Gruppe, sodass für diesen Altersbereich dementsprechend die größten Platzkontingente entstehen müssen.

bundesweit eine gesetzliche Regelung verabschiedet, die einen Rechtsanspruch auf einen Betreuungsplatz ab Vollendung des ersten Lebensjahres zum Ziel hat (mit der Vorgabe, bis 2013 35% der Kinder unter drei Jahren in Deutschland ein Betreuungsangebot machen zu können), jedoch liegt die Betreuungsquote für diese Altersgruppe derzeit erst bei 25%. In den neuen Bundesländern ist sie dabei nach wie vor deutlich höher als in den alten, nämlich zweieinhalb Mal so hoch.[87]

Die folgende Übersicht verdeutlicht die starken Unterschiede der Betreuungsquote innerhalb Deutschlands (Stand 01.03.2011)

Übersicht 3: Betreuungsquote der Kinder unter drei Jahren nach Bundesländern (Stichtag 31.03.2011)[88]

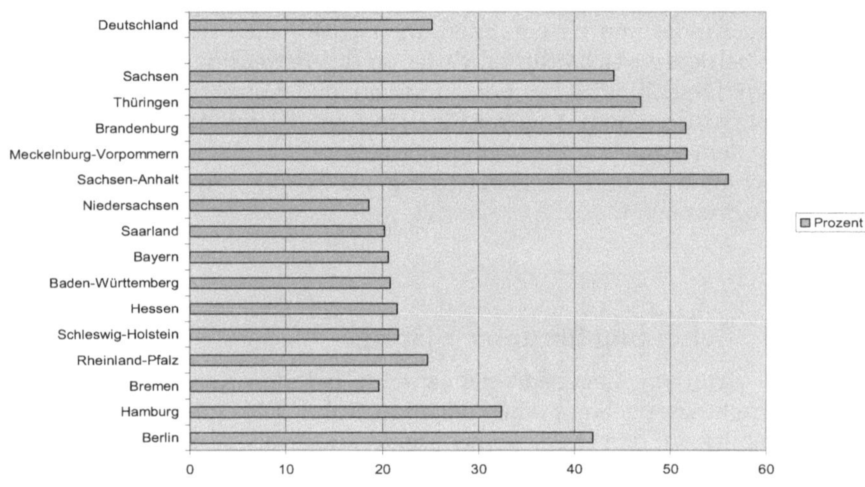

87 Vgl. Statistische Ämter des Bundes und der Länder 2009: Demografischer Wandel in Deutschland. Auswirkungen auf Kindertagesbetreuung und Schülerzahlen im Bund und in den Ländern, S. 7ff und Statistische Ämter des Bundes und der Länder 2011: Kindertagesbetreuung regional 2011. Ein Vergleich aller 412 Kreise in Deutschland, S. 6

88 Quelle: Statistische Ämter des Bundes und der Länder 2011, S.7

Sachsen-Anhalt, Mecklenburg-Vorpommern und Brandenburg haben mit jeweils über 50% die höchsten Betreuungsquoten. In Nordrhein-Westfalen und Niedersachsen wird hingegen nicht einmal jedes fünfte Kind unter drei Jahren institutionell betreut.

Das Angebot, das eine Hochschule für die Betreuung der unter 3-Jährigen aufbaut, hängt also hinsichtlich seines Platzkontingentes auch davon ab, in welchem Bundesland und in welcher Kommune sich die Hochschule befindet und wie die entsprechende kommunale Betreuungsquote ist. Eine Hochschule in Niedersachsen oder Nordrhein-Westfalen muss sicherlich größere Platzkontingente für die Kinder ihrer Angehörigen bereithalten als es eine in Sachsen-Anhalt muss, weil das Risiko einer mangelnden kommunalen Bedarfsabdeckung dort um einiges höher ist.

In diesem Zusammenhang spielt auch die regional vorherrschende Struktur des Betreuungsangebots eine Rolle. Da in den ostdeutschen Bundesländern historisch bedingt das Angebot an Kinderbetreuungseinrichtungen besser ausgebaut war und ist, geschieht die weitere Umsetzung der angestrebten kontinuierlichen Erhöhung der Betreuungsquote hier zumeist durch den Ausbau im Bereich der Kindertagesstätten und Krippen. Hingegen gestaltet sich der seit 2008 gesetzlich angestrebte U3-Betreuungsausbau insbesondere in denjenigen Bundesländern als schwierig, in denen die diesbezügliche institutionelle Versorgung durch Kitas von jeher schlechter war. Es können hier nicht so viele Betreuungseinrichtungen auf- und ausgebaut werden, wie nötig wären, um die Bedarfslücke möglichst schnell zu schließen. Aus diesem Grund nahm und nimmt seitdem in den alten Bundesländern die Bedeutung der Betreuung durch öffentlich geförderte Tagespflegepersonen zu (siehe auch 3.2).

4.1.1 Aufbau und Struktur des Betreuungsangebots

Durch den kontinuierlichen Ausbau der Qualifizierung und Gewinnung von Tagespflegepersonen in den letzten Jahren ist diese Betreuungsform eine wichtige Säule in der Kindertagesbetreuung geworden, durch die im bundesdeutschen Durchschnitt rund ein Drittel des Bedarfes gedeckt wird.[89]

Das bedeutet für Hochschulen, dass sie die Betreuung durch Tageseltern für unter 3-Jährige in der Konzeption berücksichtigen sollten. - Insbesondere deshalb, weil sie von den (unter 3.2.3 genannten) betriebswirtschaftlich möglichen Betreuungsvarianten diejenige ist, welche die größte Deckungsgleichheit hinsichtlich der Bedarfe der Hochschulangehörigen für die Betreuung dieser Altersgruppe bietet:

Zum einen kann der quantitative Bedarf an Betreuungsplätzen für die unter 3-Jährigen besser erfüllt werden als in Kindertagesstätten, da es in vielen Regionen für diese Altersgruppe nicht genügend Kita-Plätze gibt, um eine eventuelle Betreuungsvariante durch Belegrechte zu erwirken.

Zum zweiten erfüllt die Betreuung durch Tageseltern das Kriterium der zeitlichen Flexibilität und der erweiterten Betreuungszeiten in einem sehr hohen Maße: Anders als in der Kita, wo die Betreuungszeiten den Öffnungszeiten entsprechen (siehe 3.1.), können die Betreuungszeiten mit der Tagesmutter oder dem Tagesvater individuell vereinbart werden. Ein Betreuungsvertrag, der zwischen den Eltern des Kindes und der Tagespflegeperson geschlossen wird, regelt die individuellen Betreuungstage und –zeiträume. Anders als in einer Kita, wo eine regelmäßige Betreuung an fünf Tagen pro Woche (montags bis freitags) vorgesehen ist[90], können hier auch weniger als fünf Betreuungstage gewählt werden, was den Wünschen der Eltern von Kindern dieser Altersgruppe sehr entgegenkommt. Die Betreuungszeiten können überdies auch abends und am Wochenende sein, was insbesondere den Bedürfnissen von Studierenden und wissenschaftlich Beschäftigten entspricht. Ein weiterer Vorteil im Unterschied zur Kita ist, dass die vereinbarten Betreuungszeiten –im Unterschied zu den in der Kindertagesstätte gebuchten Betreuungskontingenten (siehe hierzu 3.1) - verändert werden kön-

---

89 Vgl. Bundesministerium für Familie, Senioren, Frauen und Jugend (BFSFJ): Handbuch Kindertagespflege

90 In der großen Mehrheit der Kindertagesstätten wird das Verbleiben des Kindes an regelmäßig fünf Tagen pro Woche vorausgesetzt, weil es zum pädagogischen Konzept der meisten Einrichtungen gehört. Eine Betreuung an regelmäßig nur vier oder weniger Tagen ist nicht vorgesehen. (Quelle: eigene Erfahrungen mit verschiedenen Kindertagesstätten sowie Berichte von Eltern in Beratungsgesprächen)

nen (in Absprache mit der Tagesmutter oder dem Tagesvater). Studierende und Lehrende können sie also in jedem Semester an ihren Stunden- oder Lehrplan bzw. ihre Lern- und Arbeitszeiten anpassen.

Gleichzeitig sorgen bundesweite Regelungen und Normen zur pädagogischen und fachlichen Qualifizierung der Tagespflegepersonen dafür, dass Tagespflegeperson nur werden kann, wer entweder Erzieher_in ist mit Zusatzqualifikation zur Kleinkindpflege oder eine spezielle Schulung zur Kindertagespflege über mehrere hundert Stunden absolviert hat. Zusätzlich müssen sich die angehenden Tagesmütter und –väter hinsichtlich ihrer Persönlichkeit, ihrer Motivation zur Kinderbetreuung und ihres Verhaltens im Umgang mit Kindern prüfen lassen. Die Qualifizierungen und Prüfungen dürfen nur anhand von bundesweit festgesetzten Regularien vom örtlich anerkannten Träger der Kindertagespflege (in der Regel Jugendämter und/oder Wohlfahrtsverbände und/oder freie Träger) durchgeführt werden. Auch die Räumlichkeiten, in denen die Kinder betreut werden (Privaträume der Tagespflegeperson oder von ihr angemietete Räume) werden anhand von bundesweit festgelegten Richtlinien geprüft und gegebenenfalls Veränderungen vorgenommen – und zwar im Hinblick auf ausreichend Platz, kindgerechte Ausstattung, Brand- und Gefahrenschutz und genügend Spiel- und Entdeckungsmöglichkeiten im Innen- und Außenbereich.[91] Je nach räumlicher Größe und Ausstattung und je nach persönlicher Eignung kann eine Tagespflegeperson ein bis fünf Kinder betreuen. In der Praxis betreuen jedoch die wenigsten Tageseltern mehr als drei oder gar fünf Kinder[92]. Damit sind die in 3.1. dargestellten Anforderungen an die pädagogischen Standards und den Betreuungsschlüssel erfüllt. Darüber hinaus entspricht die familienähnliche Struktur mit einer konstanten Bezugsperson für die Kinder und Ansprech-

---

91 Die entsprechenden Richtlinien finden sich in Handbüchern zur Kindertagespflege, die jede Kommune selbst herausgibt. Die hier gemachten Angaben sind entnommen aus der für Dortmund geltenden Fassung, vgl: Stadt Dortmund – Jugendamt 2010: Tagespflege in Dortmund. Chancen einer professionalisierten Kindertagespflege

92 Vgl. ebd.

person für die Eltern eher deren Bedürfnissen als es die großen Gruppen mit mehreren Erzieherinnen in Kindertagesstätten tun.[93]

Um dieses Betreuungsangebot für Eltern bereit zu stellen, muss die Hochschule sich an einen der örtlichen Träger der Kindertagespflege (siehe oben in diesem Kapitel) wenden und mit diesem hinsichtlich Vermittlungs- und Belegungsrechten bei Tageseltern kooperieren. Diese Kooperation kann unterschiedlich aussehen:[94] Es kann ein Dienstleistungsvertrag zwischen Hochschule und dem Träger der Kindertagespflege geschlossen werden. Die Dienstleistung besteht darin, dass der Träger ein zuvor vereinbartes Kontingent an Betreuungsplätzen bei den mit ihm kooperierenden Tagesmüttern und –vätern für Hochschulangehörige bereithält und sie an diese vermittelt. Der Betreuungsvertrag wird dann, wie für alle anderen Eltern auch, zwischen den Eltern und der Tagespflegeperson abgeschlossen.

Für die Hochschule stellt dieses Betreuungsangebot eine besonders günstige Variante der Bedarfsdeckung dar. Da die Hochschule selbst kein Betreuungsangebot unterhalten muss, sondern dies durch einen Dienstleister geschieht, entstehen ihr weder eigene Personal- oder Sachkosten noch Investitions-, Bau- oder Mietkosten. Auch auf den Träger der Kindertagespflege als Dienstleister entfallen nur geringe Kosten, da er die eigentliche Betreuungsleistung nicht selbst erbringt, sondern von Tagesmüttern und –vätern erbringen lässt, was auch seinem sonstigen „Tagesgeschäft" entspricht. Es entsteht ihm lediglich ein Mehraufwand durch das Be-

---

93 Auf die weiteren Bedarfskriterien (sozialverträgliche Elternbeiträge und Hochschulnähe des Betreuungsangebotes) gehe ich an späterer Stelle in diesem Abschnitt noch ein.

94 Die folgenden Angaben wurden auf der Grundlage bereits existierender Modelle dieser Art gemacht. Hierzu zählen z.B. das Tagesmütter-Programm „TigeR" an der Hochschule Reutlingen – ein Kooperationsprojekt zwischen dem örtlichen Jugendamt, dem Kindertagespflege e.V. Reutlingen (Träger der Kindertagespflege), der Hochschule und dem Studentenwerk Reutlingen (Quelle: Kindertagespflege e.V. Reutlingen: Kindertagespflege an der Hochschule Reutlingen und Telefonat mit Anja Junginger – päd. Leitung der Einrichtung) sowie die Kindertagespflegstelle „neun-mal-kluge Zwerge" in Dortmund - eine Betreuungsform als Kooperationsprojekt der TU Dortmund mit dem Mütterzentrum Dortmund (kommunaler Träger der Kindertagespflege) (Quelle: persönliches Gespräch mit der Leiterin des Mütterzentrums Dortmund, Johanna Naujoks-Berghof)

reithalten der vereinbarten Betreuungskontingente für Hochschulangehörige und durch die Dienstleistung der Vermittlung der Tageseltern. Die eigentlichen Betreuungskosten an die Tageseltern zahlt nicht der Träger der Kindertagespflege, sondern der örtliche Träger der Jugendhilfe - siehe 3.2.2. Dementsprechend wird der jährliche Betrag, den der Träger von der Hochschule für die Dienstleistung verlangt, vergleichsweise gering sein – insbesondere, wenn man ihn in Relation zu der damit verbundenen nahezu passgenauen Betreuungsleistung für die Eltern sieht.

Der Dienstleistungsvertrag kann entweder für mehrere Jahre geschlossen werden mit einem festgelegten jährlichen Pauschalbetrag oder mit der Option, das Platzkontingent (und den entsprechenden Zahlbetrag für die Hochschule) Jahr für Jahr neu zu bestimmen, sodass es immer dem aktuellen Betreuungsbedarf angepasst werden kann.

Ist in der zuständigen Kommune nicht das Jugendamt selbst der Träger der Kindertagespflege, sondern besteht für die Hochschule die Möglichkeit zwischen verschiedenen Trägern als Kooperationspartner zu wählen, so sollte bei der Auswahl auf Folgendes geachtet werden:

Der Träger sollte über ausreichend Kapazitäten hinsichtlich der mit ihm kooperierenden Tageseltern verfügen, um die Belegrechte problemlos zur Verfügung stellen zu können. Deshalb ist ein Träger mit einem größeren „Pool" an Tageseltern demjenigen mit geringeren Kontingenten an Vertragstagespflegeeltern vorzuziehen. Außerdem sollte darauf geachtet werden, in welchen Stadtteilen die Tageseltern der Träger wohnen bzw. die Kinder betreuen, damit ein Träger gewählt werden kann, der über besonders viele Tagesmütter und -väter in Hochschulnähe verfügt und darüber hinaus auch über ausreichend Kontingente in anderen Stadtteilen (für diejenigen Eltern, die ihr Kind lieber in der Nähe des Wohnorts statt in Hochschulnähe betreuen lassen wollen).

Da die Vergütung der selbstständig tätigen Tageseltern zum Großteil durch den örtlichen Träger der Jugendhilfe erfolgt,[95] zahlen die

95 Vgl. hierzu BFSFJ: Handbuch der Kindertagespflege – Wissenswertes für Tagesmütter; sowie 3.2.2

Eltern nur anteilig einen zumeist geringen Elternbeitrag, der sich nach ihrem Einkommen richtet. Aufgrund des bundesweit geförderten Ausbaus der Kindertagespflege und der damit verbundenen Förderung haben sich die Elternbeiträge in den letzten Jahren nochmals stark reduziert. Insbesondere in Kommunen, in denen die U3-Betreuung zum Großteil in der Tagespflege passiert, sind sie mittlerweile niedriger als die Beiträge für die Betreuung in der Kita.[96]

Je nachdem, welche Kommune für die jeweilige Hochschule zuständig ist, muss abgewogen werden, ob die örtlich erhobenen Elternbeiträge angemessen niedrig sind oder ob die Hochschule für die Kinderbetreuungskosten ihrer Angehörigen einen finanziellen Ausgleich schaffen sollte, damit das Bedarfskriterium der Finanzierbarkeit für Beschäftigte und Studierende gewährleistet ist (siehe Kap. 3.1).

Dieser finanzielle Ausgleich kann auf mehrere Arten erfolgen: Als Arbeitgeber kann die Hochschule einen steuer- und sozialversicherungsfreien Beitrag zur Kinderbetreuung als Zuschuss zum Gehalt bezahlen.[97] Für Beschäftigte ist dieser Zuschuss fast immer günstiger als eine Gehaltserhöhung und die Hochschule schafft damit einen zusätzlichen Anreiz, dass ihre Mitarbeiter_innen früher aus der Elternzeit zurückkehren.

Daneben kann die Hochschule einen finanziellen Ausgleich für *alle* ihre Angehörigen schaffen, indem sie einen Zuschuss zum Elternbeitrag leistet – entweder durch einen Kooperationsvertrag mit dem örtlichen Jugendhilfeträger - mit einer Vereinbarung über die Zah-

---

96 Sie betragen in vielen Kommunen bei einem mittleren Einkommen unter 40 Cent pro Stunde. Bei geringerem Einkommen (beispielsweise einer Einkommenshöhe wie sie dem laut BAföG-Berechnung dem durchschnittlichen studentischen Bedarf entspricht – vgl. Studis-online.de: BAföG -Rechner) ist der Elternbeitrag für die Kindertagespflege noch günstiger und in vielen Kommunen sogar beitragsfrei. Als Quellen für diese Angaben dienen die online abrufbaren Beitragstabellen verschiedener deutscher Städte. Exemplarisch seien hier einige von ihnen genannt: Stadt Köln: Elternbeiträge für die Kindertagespflege; Hamburg-Service – Kita-Infosystem: Elternbeitragsrechner; Berlin.de: Ausführungsvorschrift zur Kindertagespflege; München.de: Kindertagespflege in Familien

97 Vgl. BMFSFJ: Handbuch Kindertagespflege: Zuschuss des Arbeitgebers zur Kinderbetreuung

lung eines entsprechenden Betrages der Hochschule an den Jugendhilfeträger, wodurch sich der Elternbeitrag für alle hochschulangehörigen Eltern vermindert - oder durch eine ebensolche Ausgleichszahlung der Hochschule an den Träger der Kindertagespflege. Diese wird im Dienstleistungsvertrag vereinbart; der Träger dient dann als Mittler zwischen Hochschule und Jugendhilfeträger und leitet diese Ausgleichszahlung an Letzteren weiter. Der von der Hochschule zu entrichtende Pauschalbetrag für die Dienstleistungen des Trägers erhöht sich dann entsprechend um diesen Ausgleichsbetrag. Alternativ kann die Hochschule auch den Eltern selbst einen Teil des geleisteten Elternbeitrags erstatten.[98]

Die Zahlung eines Mehrbetrags an den Träger der Kindertagespflege kann auch die Lösung für die Betreuungslücke im Falle von Hochschulangehörigen mit Wohnsitz in benachbarten Kommunen sein. Diese bekommen, wie in Kap. 3 erwähnt, in der Regel keinen Betreuungsplatz in der Kommune, in der sich die Hochschule befindet.[99] Damit die Kinder dieser Eltern trotzdem in Hochschulnähe betreut werden können, muss in jedem individuellen Fall der Träger der Jugendhilfe in der Heimatgemeinde um die Kostenübernahme gebeten werden und selbiger zustimmen. Um diese Aushandlung nicht den Eltern selbst zu überlassen, kann die Hochschule mit dem Träger der Kindertagespflege vereinbaren, dass dieser auch Tageseltern an Hochschulangehörige mit Wohnsitz in anderen Kommunen vermittelt und die Verhandlungen mit den zuständigen Kostenträgern selbst übernimmt. Für diese zusätzliche Dienstleistung erhält der Träger einen entsprechend höheren Pauschalbetrag von der Hochschule, der im Dienstleistungsvertrag festgehalten wird.

---

98 Letzteres wäre für die Hochschule jedoch mit einem insgesamt größeren Verwaltungsaufwand verbunden.

99 Grund hierfür ist, dass die für die Kostenübernahme der jeweiligen Familie zuständige Kommune diejenige ist, in der die Familie mit Erstwohnsitz gemeldet ist. Für Kosten der Betreuungsplätze am Hochschulstandort hingegen ist die Kommune zuständig, in der sich die Hochschule befindet. Nur, wenn also die benachbarte Kommune, in der die Eltern wohnen, der Kostenübernahme für die Betreuung am Hochschulstandort zustimmt, kann das Kind auch hier betreut werden. (Quelle: weiter oben bereits erwähntes Gespräch mit Johanna Naujoks-Berghof vom Mütterzentrum Dortmund, Telefonat mit dem Abteilungsleiter für Kindertagespflege im Jugendamt Dortmund, Herr Norbert Enters)

4.1.2 Kriteriengeleitete Bewertung des Angebotes

Das entwickelte Betreuungsangebot für unter 3-Jährige durch die Kooperation zwischen Hochschule und dem Träger der Kindertagespflege bietet in der hier dargestellten Ausgestaltung eine nahezu hundertprozentige Bedarfsdeckung für die Hochschulangehörigen. Für die Hochschule ist es durch den Dienstleistungscharakter gleichzeitig das Modell, welches von den betriebswirtschaftlich in Frage kommenden Betreuungsvarianten das Günstigste ist.

Gleichzeitig kann es der Hochschule einen bedeutsamen Imagegewinn bescheren, der über die direkten Effekte familienfreundlicher Maßnahmen (siehe 2.1. und 2.2) hinausgeht: Einerseits kann ein großer örtlicher Träger der Kindertagespflege für die Hochschule ein wichtiger kommunaler Multiplikator sein (langfristig auch im Zusammenhang mit anderen Belangen). Andererseits kann diese Kooperation dafür sorgen, dass sich die Hochschule innerstädtisch das Ansehen eines *besonders* familienfreundlichen Unternehmens verdient. Letzteres verstärkt sich durch die Besonderheit, für *alle* Kinder ihrer Angehörigen unter drei Jahren (unabhängig von deren Wohnort) die Betreuung gewährleisten zu können – ein Novum, welches (mit der richtigen Vermarktung) im Wettbewerb mit anderen Hochschulen ein wichtiger Pluspunkt in Sachen Familienfreundlichkeit sein kann. Das gilt insbesondere in Ballungsgebieten, wo die Konkurrenz durch andere Hochschulen groß ist (z.B. im Ruhrgebiet) und in Gegenden, in denen das Einzugsgebiet für Studierende und Beschäftigte besonders in die umliegenden Kommunen hineinreicht.[100]

---

100 Das sind einerseits ländliche Regionen, in denen die Menschen täglich aus dem Umland in die Stadt der Hochschule pendeln, andererseits aber auch Gebiete, in denen mehrere Städte dicht beieinander liegen und es deshalb viele Pendler gibt (z.B. das Ruhrgebiet, die Region Braunschweig-Wolfsburg-Hannover oder Berlin-Potsdam)

4.2 Betreuung für Kinder von drei Jahren bis zum Schuleintritt

Seit 1996 besteht in Deutschland ein Rechtsanspruch auf einen Betreuungsplatz für Kinder ab dem dritten Lebensjahr (§24 SGB VIII).[101] Dementsprechend wurde der Ausbau der Betreuungsplätze in Kindertagesstätten für die Altersspanne drei bis sechs Jahre in den vergangenen 20 Jahren gezielt vorangetrieben. Das Ergebnis dieses noch immer andauernden Prozesses ist, dass der quantitative Betreuungsbedarf für Kinder dieses Alters, im Gegensatz zu den unter 3-Jährigen, mittlerweile in der überwiegenden Zahl der Kommunen durch Betreuungsplätze in Kindertagesstätten abgedeckt werden kann.[102]

Bei der Konzeption eines hochschulspezifischen Betreuungsangebots für Kinder dieses Alters sollte dieser Umstand unbedingt beachtet werden, damit sich die Hochschule die bestehenden kommunalen Ressourcen zu Nutze machen kann und die vorhandenen Plätze in Kitas vor Ort für die Betreuung ihrer Angehörigen nutzen kann.[103] Von den unter 3.2.3. beschriebenen möglichen Varianten kommen daher für diese Altersgruppe prinzipiell zwei in Frage: die Übernahme der Betreuung durch einen kirchlichen, freien oder kommunalen Träger bzw. eine Elterninitiative oder der Erwerb von Belegrechten in einer oder in verschiedenen Kindertageseinrichtungen vor Ort.[104] Die zuvor beschriebene Variante durch Kooperation mit einem Träger der Kindertagespflege kommt deshalb für diese

---

101 Vgl. Deutscher Bildungsserver: Rechtsanspruch Kindergartenplatz

102 Vgl. Bertelsmann-Stiftung: Ländermonitor frühkindliche Bildungssysteme: Rechtsanspruch des Kindes – Betreuungsplatz und -umfang

103 Die Hochschule muss also keine eigenen Betreuungseinrichtungen aufbauen. Das erspart ihr Zeit und vor allem Kosten (Investitions- und Baukosten bzw. Mietkosten, Personalkosten etc).

104 Das im Folgenden beschriebene Modell ist in bestimmten Fällen auch (alternativ zur oben beschriebenen Variante) anwendbar für die U3-Betreuung – nämlich dann, wenn sich die Hochschule in einem Bundesland befindet, in dem die kommunale Versorgung der U3-Betreuung hauptsächlich durch die Kindertagesstätten oder Krippen gewährleistet werden kann. Dies ist vorwiegend in ostdeutschen Bundesländern der Fall, z.B. in Thüringen oder Brandenburg (siehe oben). Hier muss nämlich davon ausgegangen werden, dass das vorhandene Netz an Tageseltern entsprechend schlechter ausgebaut ist und das Angebot an Betreuungsplätzen in Kindertagestätten und Krippen quantitativ besser und in höherem Maße bedarfsdeckend ist.

Altersgruppe nicht in Frage, weil der Träger der Jugendhilfe die Finanzierung der Tageseltern nicht übernimmt, wenn es vor Ort ein ausreichendes Platzkontingent in Kitas gibt.[105]

4.2.1 Aufbau und Struktur des Betreuungsangebots

Auch wenn das quantitative Angebot an Betreuungsplätzen in den meisten Regionen Deutschlands mittlerweile überwiegend ausreichend ist, erfüllt es nicht die Bedarfe der Eltern an Hochschulen.

Der bestehende Rechtsanspruch auf einen Betreuungsplatz bedeutet lediglich das Recht des Kindes (und somit der Eltern) auf die Betreuung *innerhalb der Kommune*, nicht jedoch in einer von den Eltern favorisierten Kita in *Wohnort- oder Hochschulnähe.* Insbesondere in größeren Kommunen können die Entfernungen von Wohn- und Arbeits- bzw. Studienort zur Betreuungseinrichtung dabei mitunter groß und die Anfahrtswege für die Eltern lang sein. Auch den Betreuungs*umfang* regelt der Rechtsanspruch nicht, sodass das Recht auf einen Kindergartenplatz in den einzelnen Ländern und Kommunen – je nach örtlich vorhandenem Angebot – diesbezüglich unterschiedlich aussehen kann und in vielen Teilen Deutschlands noch nicht dem zeitlichen Bedarf der Eltern entspricht.[106]

Mit einem hochschulspezifischen Angebot muss die Hochschule diese Lücken im Betreuungsnetz für ihre Angehörigen schließen. Von den möglichen beiden Varianten erscheint daher die Kooperation mit nur *einem* örtlichen Träger der Kindertagesbetreuung nicht optimal, da dies die Auswahl an Betreuungsplätzen hinsichtlich des Standortes und des Betreuungsumfangs einschränkt auf das vor-

---

105 Tageseltern werden in den meisten Kommunen nur dann vom Jugendamt bezahlt, wenn es um diejenigen Betreuungszeiten geht, die durch die Kita nicht abgedeckt werden – also im späten Abendbereich und am Wochenende, sofern die Eltern nachweisen, dass sie in diesen Zeiten arbeiten oder sich in Ausbildung/Studium befinden. (vgl. BMFSFJ: Kosten für Kindertageseinrichtungen und Kindertagespflege und ihre Finanzierung)

106 Vgl. Sozialgesetzbuch.de - §24: Ausgestaltung des Förderungsangebotes in Tageseinrichtungen; Statistische Ämter des Bundes und der Länder 2009, S. 9ff

handende Kontingent dieses einen Trägers. Dieses kann – je nach kommunaler Trägervielfalt und –versorgung - u. U. nicht ausreichend sein. Außerdem schränkt es das Wunsch- und Wahlrecht von Eltern ein (z.B. dann, wenn es sich um einen konfessionellen Träger handelt). Vor diesem Hintergrund erscheint es für die Hochschule sinnvoller, Kooperationen mit *mehreren* Trägern einzugehen und sich Belegrechte in deren bestehenden Einrichtungen zu sichern. Sie kann somit das vor Ort vorhandene Angebot an Betreuungseinrichtungen hinsichtlich der vorhandenen Bedarfe (3.1.) sondieren - insbesondere in Bezug auf Standorte und Öffnungszeiten (Tages-, Wochen- und Jahresöffnungszeiten, evtl. auch Wochenendbetreuung) - und sich auf diejenigen Kitas konzentrieren, die hinsichtlich dieser Kriterien die größte Deckungsgleichheit mit den vorhandenen Bedarfen aufweisen. Mit den Trägern dieser Kitas werden dann Verträge über die Reservierung der gewünschten Anzahl an Plätzen angestrebt. – Je nach qualitativer Rangfolge der ausgewählten Kitas kann die Hochschule den gesamten quantitativen Betreuungsbedarf so auf diese verteilen, dass die erworbenen Plätze die insgesamt größtmögliche Bedarfsdeckung für die Hochschulangehörigen bieten.[107].

Das bedeutet insbesondere, dass ein Großteil der Plätze in einer oder in mehreren Kitas in Hochschulnähe sein sollte und (vor allem in größeren Städten) gleichzeitig noch einige Plätze in anderen Stadtteilen erworben werden sollten.[108] Für die Eltern bringt diese Variante gleichzeitig das Privileg der Auswahl im Sinne ihres Wunsch- und Wahlrechts mit sich - z.B. hinsichtlich der ideologischen/konfessionellen Ausrichtung der Kita.

Für die Hochschule wird es nicht schwer sein, die in Frage kommenden Träger von dieser Art der Kooperation mit ihr zu überzeugen. Denn für den Träger ist die Vergabe von Belegrechten an eine Hochschule aus zwei Gründen besonders interessant: Zum einen kann davon ausgegangen werden, dass die Kooperation mit der

---

107 Bei einem Gesamtbedarf von 20 Plätzen für Kinder dieser Altersgruppe und 5 in Frage kommenden Kitas könnten sich die Belegplätze– je nach Favorisierung der einzelnen Kitas durch die Hochschule - beispielsweise auf 6+6+5+3 Plätze verteilen.

108 Je nach Kommune kann auch die Nachmittagsbetreuung von Grundschulkindern in den örtlichen Kitas erfolgen. Ist dies in der Kommune der Hochschule der Fall, sollte natürlich auch das bei der Auswahl der Belegplätze beachtet werden. (siehe hierzu auch 4.3.)

Hochschule als regional bedeutende Institution mit hohem Ansehen und Bekanntheitsgrad ihm selbst auch besonderes Ansehen beschert und sich positiv auf sein Image und seine Stellung innerhalb der örtlichen Trägerlandschaft auswirkt. Zum anderen bedeutet die Belegplatzvergabe auch Planungssicherheit für den Träger: Im Rahmen der Bedarfsplanung für Kindertagesbetreuung ermittelt nämlich der örtliche Träger der Jugendhilfe jährlich den vor Ort vorhandenen Betreuungsbedarf in den einzelnen Stadt- bzw. Ortsteilen. Die Entscheidung über die Genehmigung der Plätze in den einzelnen Kitas geschieht auf der Grundlage der aktuellen Mittelvergabe für Kindertagesbetreuung insgesamt und der getätigten Bedarfsmeldungen der einzelnen Kitas. Die Genehmigungen für die beantragten Plätze werden den Kitas jeweils einige Monate vor Beginn des Kindergartenjahres[109] erteilt. Dabei spielt es eine wichtige Rolle, für wie sicher der Träger der Jugendhilfe die tatsächliche Belegung der von der jeweiligen Kita (bzw. ihrem Träger) beantragten Plätze hält.[110] Vertraglich vereinbarte Plätze für Kinder von Hochschulangehörigen stellen für den Träger innerhalb dieses Platzvergabesystems durch den Jugendhilfeträger eine besondere Sicherheit dar, weil ihre Belegung durch die Hochschule vertraglich zugesichert wird.

Es entsteht also eine Win-win-Situation, in der sowohl die Hochschule als auch die Träger der ‚Beleg-Kitas' von den Ergebnissen der geschlossenen Verträge profitieren.[111]

Ebenso wie bei der Betreuung der unter 3-Jährigen kann auch hier wieder die Hochschule entscheiden, ob sie sich bei der Anzahl der Betreuungsplätze für mehrere Jahre festlegt oder – was wirtschaftlich und hinsichtlich der Bedarfsdeckung sinnvoller wäre - ob sie diese auf der Grundlage des aktuellen Bedarfs jährlich neu verhandelt.

---

109 Das Kindergartenjahr beginnt jeweils im August – analog zum Schuljahr

110 Vgl. BMFSFJ 2011: Zweiter Zwischenbericht zur Evaluation des Kinderförderungsgesetzes, S. 15ff und Jaich, R. 2003

111 Dass dieses Modell erfolgreich funktionieren kann, beweisen einige Beispiele, in denen bereits solche Verträge über Belegrechte zwischen Hochschule und Trägern von Tageseinrichtungen bestehen. Hierzu zählen z.B. die Medizinische Fakultät der Albert-Ludwigs-Universität in Freiburg (vgl. Familienservice der Universität Freiburg), die Universität Stuttgart (vgl. Universität Stuttgart: Belegplätze) oder die Fachhochschule Hannover (vgl. Hochschule Hannover: Kinderbetreuung an der FFH)

Auch die Finanzierung gestaltet sich bei dieser Betreuungsvariante für alle Beteiligten (Hochschule, Träger und Eltern) analog der unter 4.1. beschriebenen Variante für unter 3-Jährige: Die Eltern zahlen für die Betreuung einen einkommensabhängigen Elternbeitrag an den Jugendhilfeträger (das Jugendamt), welcher sich im besten Falle durch eine Ausgleichszahlung der Hochschule an den Jugendhilfeträger oder an den Träger der Kita noch verringern lässt, damit er dem Anspruch der guten Finanzierbarkeit der Betreuungsleistung durch die Hochschulangehörigen gerecht wird. Auch der steuer- und sozialabgabenfreie Betreuungszuschuss zum Gehalt für die Beschäftigten ist eine sehr gute Ergänzung im Sinne elternfreundlicherer Finanzierungsmodalitäten. (siehe auch 4.1.1.).

Ebenso steht es auch um die Betreuungslücke für diejenigen Hochschulangehörigen, die in benachbarten Kommunen wohnen. Ähnlich wie beim zuvor beschriebenen Dienstleistungsangebot für die unter 3-Jährigen kann auch bei der Sicherung der Belegplätze mit dem jeweiligen Träger vereinbart werden, dass dieser – gegen eine Geldleistung der Hochschule - sich selbst um die Kostenübernahme durch die Heimatkommune der jeweiligen Eltern kümmert - ein vergleichsweise geringer zusätzlicher finanzieller Aufwand für die Hochschule und ein großer Gewinn für die betroffenen Eltern, die sonst keine Chance auf einen Betreuungsplatz in Hochschulnähe hätten.

4.2.2 Kriteriengeleitete Bewertung des Angebots

Es zeigt sich, dass das dargestellte Betreuungsangebot in Form von Belegplätzen in mehreren ortsansässigen Kitas eine *nahezu* ebenso hohe Bedarfsdeckung bietet wie die zuvor beschriebene Betreuungsvariante für die unter 3-Jährigen – *nahezu,* weil es eine Einschränkung gibt: Zwar kann durch die Auswahl der in Frage kommenden Kitas besonders auf lange Tagesöffnungszeiten geachtet werden. Trotzdem kann sich die Flexibilität der Betreuungszeiten nicht mit derjenigen im zuvor beschriebenen Modell messen. Denn nur in den allerwenigsten Kitas reichen die möglichen Betreuungszeiten auch in den späteren Abendbereich hinein und/oder decken bei Bedarf die Wochenenden ab. Deshalb sollte von Seiten der Hochschule darüber nachgedacht werden, ob für diese Zeiten zusätzliche Betreuungskontingente bei Trägern der Kindertagespflege erworben werden (siehe 4.1.1) oder hierfür die Kurzzeitbetreuung (siehe 4.5.) bzw. die Notfallbetreuung (4.6.) genutzt werden kann.

Von den betriebswirtschaftlich in Frage kommenden Betreuungsvarianten ist der Erwerb von Belegplätzen die günstigste für die Hochschule. Denn auch hier muss die Betreuungsleistung nicht selbst erbracht werden, sodass keine Investitions-, Miet- oder Personalkosten entstehen. Der Preis, den der Träger der Kita der Hochschule für das Belegrecht berechnet, wird vergleichsweise günstig sein, weil sich für ihn keine direkten Betreuungskosten für die reservierten Plätze ergeben (aufgrund der Refinanzierung durch den Jugendhilfeträger), sondern lediglich ein geringer Mehraufwand durch das Bereithalten der Plätze entsteht.

Auch dieses Betreuungsangebot bringt einen zusätzlichen Imagegewinn für die Hochschule, denn auch hier können die Träger der Kindertagesstätten ebenso als wichtige kommunale Multiplikatoren dienen. Und es ist ihr möglich, in Konkurrenz mit anderen Hochschulen ihren Ruf als *besonders* familienfreundliche Bildungsstätte zu sichern (besonders dort, wo das Einzugsgebiet in andere Kommunen hineinreicht), weil sie *allen* Kindern ihrer Angehörigen - unabhängig von deren Wohnort - eine Betreuung zusichert kann.

4.3 Nachmittagsbetreuung für Grundschulkinder

Erfahrungsgemäß ist der hochschulspezifische Betreuungsbedarf für Kinder ab dem Schuleintritt der vergleichsweise geringste - im Vergleich zu demjenigen für „U3-" und „Ü3-Kinder". Das liegt daran, dass der Altersdurchschnitt der Studierenden, welche die mit Abstand größte Gruppe der Hochschulangehörigen bildet, bei 30 Jahren liegt - ein Alter, in dem die meisten Menschen der oberen Bildungsschichten in der Bundesrepublik erst mit der Familienplanung anfangen oder gerade angefangen haben. Die Kinder derjenigen Studierenden also, die bereits Eltern sind, sind daher zumeist jünger als sechs Jahre.[112] Die Beschäftigten der Hochschule – die Gruppe derjenigen, die häufiger Kindern im Schulalter haben und somit ein Nachmittagsbetreuungsangebot nutzen würden - bilden die weitaus

112 Vgl. BMBF 2008, S. 13ff

kleinere Gruppe. Sie machen im Durchschnitt weniger als ein Drittel der Hochschulangehörigen aus[113].

Der zahlenmäßig geringe Bedarf mag auch der Grund dafür sein, dass nur die allerwenigsten Hochschulen ein solches Betreuungsangebot für ihre Mitglieder anbieten. Ein Missstand, der für die betroffenen Eltern u. U. ein erhebliches Maß an Mehraufwand bedeutet. Denn deutschlandweit liegt die institutionelle Betreuungsquote für Grundschulkinder im Nachmittagsbereich bei nur 28%[114], sodass viele Eltern die Betreuung selbst organisieren bzw. übernehmen müssen.

Allein das Vorhalten eines solchen Angebots von Seiten der Hochschule würde die unter 3.1. beschriebenen elterlichen Bedarfskriterien für Kinder dieser Altersgruppe erfüllen, weil damit für die Hochschulangehörigen die bestehende Betreuungslücke geschlossen würde. Die Hochschule kann hiermit nicht nur ihre Beschäftigten erheblich entlasten und bei ihnen mehr Ressourcen für die Arbeit freilegen, sondern sich auch einen erheblichen Wettbewerbsvorteil gegenüber dem größten Teil der anderen deutschen Hochschulen verschaffen, die kein solches Angebot bereithalten. Sie setzt damit auch ein Zeichen für sich und die eigene familienfreundliche Hochschulpolitik, weil die Angebote zur Vereinbarkeit hier nicht mit dem Schuleintritt enden, sondern das Konzept der Familienfreundlichkeit im Hinblick auf die Kinderbetreuung ganzheitlich ausgerichtet ist. – Das kann insbesondere bei der Gewinnung von Wissenschaftler_innen und Professor_innen eine besondere Rolle spielen. Gleichzeitig entstehen ihr für die Bereitstellung des Angebots nur geringe Kosten, weil es zum einen um ein relativ geringes Platzkontingent geht und zum anderen um nur vergleichsweise kurze tägliche Betreuungszeiten (nur im Nachmittagsbereich) - eine kleine Investition mit großer Wirkung also.

Die konkrete Umsetzung hängt im Wesentlichen davon ab, wie die örtliche Infrastruktur hinsichtlich der Schulkinderbetreuung aussieht. Prinzipiell findet die Nachmittagsbetreuung hauptsächlich in speziellen Gruppen in den Kindertageseinrichtungen statt oder in

---

113 Vgl. statista.de Anzahl der Studenten an deutschen Hochschulen von 2002 bis 2011 und Statistisches Bundesamt 2011: Personal an deutschen Hochschulen

114 Vgl. BMFSJ 2011a: Vereinbarkeit von Beruf und Familie mit Schulkindern, S. 30

den Schulen selbst (in offenen Ganztagsschulen oder im Schulhort).[115] Je nachdem, um welches Bundesland und um welche Kommune es sich handelt, ist vor Ort entweder das eine oder das andere Betreuungsmodell vorherrschend und besser ausgebaut. Aus betriebswirtschaftlichen Gründen ist es sinnvoll, die vor Ort bestehenden Angebote für die Hochschulangehörigen zu nutzen statt selbst ein Angebot zu installieren (siehe 3.2.3.) Die Hochschule sollte sich vor Installation des Angebotes also informieren, welche die vorrangige Betreuungsform für die Schulkinderbetreuung im Nachmittagsbereich vor Ort ist und dementsprechend ihre Kooperationspartner -verschiedene Schulen oder Kindertagesstätten in Hochschulnähe- auswählen.

Für Kindertagesstätten bietet sich dabei wieder die Sicherung von Belegrechten bei den Trägern an, die diese Schulkinderbetreuung in ihren Einrichtungen anbieten. Es gelten für eine solche Kooperation zwischen Hochschule und Schulträger die gleichen Rahmenbedingungen wie sie für die Kindergartenbetreuung (in 4.2.1.) beschrieben wurden, weshalb an dieser Stelle hierauf verwiesen wird. Es erscheint dabei sinnvoll, sich bei denjenigen Trägern Belegrechte zu sichern, bei denen die Hochschule evtl. auch schon Belegplätze für die jüngeren Kinder erworben hat. Das ist nicht nur organisatorisch sinnvoll und für die Hochschule mit weniger organisatorischem Aufwand verbunden, sondern bringt für die Kinder beim Übergang vom Kindergarten in die Schule auch den Vorteil mit sich, dass sie die Einrichtung und die Betreuungskräfte dann bereits kennen und sich diesbezüglich nicht umgewöhnen müssen.

Befindet sich die Hochschule in einem Ort, wo die Schulkinderbetreuung überwiegend an den Schulen stattfindet, so sollte sie sich zwecks Kooperation an den bzw. die örtlichen Träger der Ganztagsbetreuung in Schulen wenden. Das können – je nach Kommune - das Schulverwaltungsamt, das Jugendamt und/oder Vereine und Wohlfahrtsverbände sein.[116] Falls es vor Ort eine Auswahl verschiedener Träger gibt, so hat die Hochschule bei der Wahl der Kooperationspartner die gleichen Kriterien zu Grunde zu legen, wie sie in 4.2.1. für die Kindergartenbetreuung beschrieben sind. Auch die Kooperation selbst kann aufgrund analoger finanzieller und organisatorischer Rahmenbedingungen in diesem Falle ähnlich aussehen,

---

115 Vgl. BMFSFJ 2011a, S. 27ff

116 Vgl. BMBF: Ganztagsschulen

nämlich in Form von Belegrechten für die Nachmittagsbetreuung. Sowohl für die Hochschule als auch für den Schulträger als Kooperationspartner ergeben sich daraus die gleichen Vorteile wie sie in dem unter 4.2.1. erläuterten Modell beschrieben wurden.

In einigen wenigen deutschen Kommunen wird auch die Schulkindbetreuung durch Tagesmütter vom Jugendamt finanziert (ähnlich wie für die Kinder der Altersgruppe unter drei Jahren) Das ist vorwiegend dort der Fall, wo der Ausbau der Nachmittagsbetreuung weder in den Schulen noch in den Kindertagesstätten so weit fortgeschritten ist, dass genügend Plätze für den vorhandenen Bedarf vorhanden sind.[117] Der Anteil der betroffenen Kommunen ist jedoch vergleichsweise gering.[118] In diesen Kommunen bietet sich für die Nachmittagsbetreuung der Schulkinder von Hochschulangehörigen ein analoges Modell an wie es unter 4.1.1. beschrieben ist.

4.4 Betreuung in den Schulferien

Ähnlich wie im Falle der Nachmittagsbetreuung für Schulkinder richtet sich auch das Angebot einer Schulferienbetreuung an eine vergleichsweise kleine Gruppe von Hochschulangehörigen (zur Begründung siehe 4.3.). Von der Hochschule muss daher auch an dieser Stelle nur ein relativ geringes Platzkontingent vorgehalten werden. Gleichzeitig werden dabei vor allem *Beschäftigte* der Hochschule ungemein entlastet. Denn die Schulferien sind stets um ein Vielfaches länger als deren Jahresurlaub, wodurch ihnen regelmäßig Betreuungsprobleme für mehrere Wochen entstehen können. Das gilt insbesondere für den langen Zeitraum der Sommerferien (sechs Wochen).

Je nachdem, wie groß die Hochschule ist, wie hoch entsprechend der Betreuungsbedarf für diese Altersgruppe ist und wie groß das zur Verfügung stehende Budget ist, reicht es in den meisten Fällen auch aus, wenn lediglich ein Teil der Ferien durch ein Betreuungsangebot abgedeckt ist (z.B. 4 Wochen in den Sommerferien und jeweils eine Woche in den übrigen, zweiwöchigen Ferien). Dann ist der Jahresurlaub der Eltern ausreichend, um die übrige Ferienzeit

---

117 Vgl. BMFSFJ 2011a, S. 30.

118 z.B. in Oldenburg; vgl. Stadt Oldenburg: Wegweiser Kindertagesbetreuung

mit ihren Kindern gemeinsam zu verbringen, und der Hochschule entstehen entsprechend weniger Kosten. Das ist insbesondere für kleinere Hochschulen interessant, denen in der Regel ein geringeres Budget zur Verfügung steht.

Die Ferienbetreuung kann auf verschiedene Arten organisiert werden.[119] Es besteht die Möglichkeit der Betreuung in einer oder in mehreren örtlichen Schulen, die eine Schulferienbetreuung (Hortbetreuung) anbieten *oder* es wird ein Unternehmen beauftragt, welches sich auf die Kinderbetreuung für Betriebe spezialisiert hat.

Beide Varianten haben Vor- und Nachteile, weshalb jede Hochschule anhand ihrer spezifischen Voraussetzungen beurteilen sollte, welche Variante für sie die Bessere ist.

Die Ferienbetreuung über eine oder mehrere ortsansässige Schulen setzt voraus, dass die Schulen am Hochschulstandort über ausreichend Kapazitäten bzw. Plätze verfügen. Das ist, ähnlich wie auch die Nachmittagsbetreuung (4.3.), regional unterschiedlich. Nicht in allen Kommunen sind genügend Hortplätze vorhanden, sodass es der Hochschule möglich ist, mit den Schulträgern eine Kooperation im Sinne eines Belegrechts für ihre Angehörigen einzugehen (siehe vorherige Kapitel). Reicht das örtliche Angebot aus, so ist diese Art von Betreuungsangebot dasjenige, welches für die Hochschule am günstigsten ist. In Regionen mit einer guten kommunalen Betreuungsversorgung in Schulen ist dies insbesondere für kleinere Hochschulen besonders interessant, weil sie über ein entsprechend geringeres Budget verfügen und auch nur wenige Betreuungsplätze benötigen.

Ist die Hochschule größer und/oder die kommunale Infrastruktur im Hinblick auf Schulferienbetreuung nicht entsprechend ausgebaut, um Belegrechte realisieren zu können, bietet es sich an, ein Unternehmen mit der Betreuung der Schulkinder in den Ferien zu beauftragen. Das ist zwar die weitaus teurere Variante (sowohl für

---

119 Die nun folgenden Möglichkeiten gelten für den Fall, dass der Hochschule keine eigenen Räumlichkeiten für die Kinderbetreuung zur Verfügung stehen und sie die Ferienbetreuung somit auch nicht selbst, d.h. mit eigenem Personal, durchführen kann. Denn davon kann in der Regel nicht ausgegangen werden. Die Investitionskosten für die Bereitstellung der Räumlichkeiten und die Personalkosten wären zu hoch, als dass sie für den Großteil der Hochschulen als betriebswirtschaftlich machbar gelten könnten (siehe 3.2.2 und 3.2.3.).

die Hochschule als auch für die Eltern), vielerorts jedoch die einzige Möglichkeit, ein solches Betreuungsangebot für die Hochschulangehörigen zu sichern. Verschiedene Unternehmen, die sich auf die Kinderbetreuung für Betriebe spezialisiert haben (betrieblich unterstützte Kinderbetreuung), stehen hierfür zur Verfügung und bieten jeweils unterschiedliche Preise und Angebote. (Beispiele für diese Art von Wirtschaftsunternehmen sind B.u.K., PME Familienservice GmbH oder Kita | Concept[120]) Insbesondere für größere Hochschulen bietet es sich an, via Ausschreibung verschiedene Angebote einzuholen, um das günstigste Preis-Leistungs-Verhältnis zu ermitteln. Prinzipiell wird hierbei der Hochschule die Gesamtsumme aller Kosten in Rechnung gestellt. Diese berechnet sich nach der Anzahl der Betreuungstage und -stunden und der zur Verfügung stehenden Plätze. Die Eltern buchen dann den Betreuungsplatz über das Unternehmen selbst und zahlen für diesen einen Elternbeitrag (pro Betreuungstag)[121]. Die von der Hochschule an das Unternehmen zu zahlende Summe wird nach Beendigung der Betreuung jeweils um die gezahlten Elternbeiträge reduziert. Die Hochschule sollte also im Sinne der Wirtschaftlichkeit bei diesem vergleichsweise teuren Angebot ganz besonders darauf achten, dass alle gebuchten Plätze auch belegt werden. Eine Bedarfserhebung vor Vertragsabschluss mit dem Unternehmen bzw. vor der Ausschreibung ist daher unbedingt ratsam, um an dieser Stelle keine unnötigen Ausgaben zu tätigen.

Gerade für die Schulferien ist es neben der „reinen" Betreuungsleistung auch von Bedeutung, ob für die Kinder ein Programm bzw. bestimmte Aktionen angeboten werden. Denn für sie ist die Ferienzeit auch die Zeit im Jahr, in der sie etwas nicht Alltägliches erleben wollen. Darüber hinaus erhöhen Ferienaktionen natürlich auch die Attraktivität des Angebots für die Eltern, die es in Anspruch nehmen und verbessern den Ruf der familienzentrierten Angebote ins-

---

120 Vgl. Betrieblich unterstützte Kinderbetreuung B.u.K; PME Familienservice GmbH,; Kita | Concept – betriebliche Kinderbetreuung: Beratung, Management und Trägerschaft

121 Es ist bei den verschiedenen Anbietern für betrieblich unterstützte Kinderbetreuung Usus, dass der von den Eltern zu zahlende Beitrag nicht einkommensgestaffelt, sondern für alle Statusgruppen gleich ist. An dieser Stelle sollte die Hochschule überlegen, ob sie für einkommensschwache Familien, insbesondere für Studierende, einen einkommensabhängigen Ausgleich schaffen könnte, z.B. in Form eines Gutscheins, der ihnen einen Teil des Elternbeitrags erstattet)

gesamt sowie das Image der Hochschule selbst. Ein Ferienprogramm muss dabei für die Hochschule nicht teuer sein. Die Möglichkeiten, die ein solcher Wissenschafts- und Forschungsstandort bietet, können für die Kinder zugänglich und nutzbar gemacht werden. Praxiserprobt sind z.B. Modelle, in denen in Absprache mit verschiedenen Wissenschaftler_innen, Fakultäten, Forschungseinrichtungen usw., einzelne Bereiche für die Kinder geöffnet werden und diese dort auf Entdeckungsreise gehen.[122] Ob und wie dies realisiert werden kann, hängt u.a. von der Offenheit der verschiedenen Akteure innerhalb der Hochschule für eine solche Zusammenarbeit ab und von der Eignung der Fachbereiche/Fakultäten der Hochschule für solche kindgerechten Aktionen.

Für die Hochschule ist dies eine günstige Möglichkeit, das Betreuungsangebot des Unternehmens qualitativ aufzuwerten. Für die Kinder selbst bedeutet diese Art von Ferienprogramm nicht nur eine Entdeckungsreise der besonderen Art, sondern sie gewinnen so auch Einblick in die Studien-/Arbeits- und Wirkungsstätte ihres Elternteils, was für viele Kinder besonders reizvoll ist.

Sollte es diese Möglichkeit der Entdeckungsreise innerhalb der Hochschule nicht geben (aufgrund mangelnder Eignung der örtlichen Gegebenheiten, der inhaltlichen Ausrichtung oder schlechter Kooperation mit den entsprechenden hochschulinternen Akteuren), so bietet sich auch eine Erkundungstour innerhalb der Stadt an. Die meisten deutschen Städte bieten während der Sommerferien Vergünstigungen für Kinder im Rahmen eines Ferienpasses an, mit dem sie Schwimmbäder, Zoos und andere regionale Attraktionen kostenfrei oder sehr günstig nutzen können. Über eine Kooperation zwischen Hochschule und dem örtlichen Jugendhilfeträger sollte ein

---

122 Innerhalb der Ferienbetreuung an der TU Dortmund konnten die Kinder im Jahr 2011 z.B. das CampusRadio ElDoRado entdecken, verschiedene Bereiche in der Elektrotechnik und Robotik erkunden (z.B. sehen, wie ein kleiner Roboter entsteht) usw. Ähnliches bot auch die FH Dortmund für die Kinder in der Schulferienbetreuung an. Dort konnten die Kinder im „FrauenProjektLabor" verschiedene Dinge bauen oder sich in der „Spielewerkstatt", die dem Fachbereich Angewandte Sozialwissenschaften angegliedert ist, in vielen Spielen erproben und ausprobieren (Die Angebote der FH Dortmund entstanden im Rahmen meiner dortigen beruflichen Tätigkeit in Kooperation mit verschiedenen Akteuren innerhalb der Hochschule; die Angaben zu den Angeboten der TU Dortmund entstammen Berichten einer Mitarbeiterin - Jeanette Kratz)

ähnliches Angebot für die Kinder innerhalb der Ferienbetreuung angestrebt werden.

4.5 Notfallbetreuung

Eine Notfallbetreuung brauchen Hochschulangehörige immer dann, wenn das Kind einmal nicht regulär betreut werden kann. Das kann entweder sein, weil die Tagespflegeperson ausfällt, die Kita geschlossen hat oder das Kind selbst erkrankt ist und der hochschulangehörige Elternteil aus wichtigen Gründen nicht zu Hause bleiben kann (z.B. wenn eine Studentin eine wichtige Prüfung hat oder ein Mitarbeiter einen besonders wichtigen Termin)

Die Notfallbetreuung muss daher besonders flexibel sein und sollte im häuslichen Umfeld stattfinden, weil sie, besonders im Krankheitsfall, zum einen meist sehr kurzfristig benötigt wird und zum anderen das Kind dann auch in seiner gewohnten Umgebung betreut werden sollte. Schließlich bringt die fremde Betreuungsperson schon genug Ungewohntes für das Kind mit sich. Für die Hochschule ist es außerdem wichtig, dass eine ständige Leistungsbereitschaft zur Betreuung mehrerer Kinder sichergestellt ist, die jedoch nur punktuell in Anspruch genommen wird.

Um diese Flexibilität und Leistungsbereitschaft zur Verfügung zu stellen, kann eine Hochschule zwei Wege gehen:

Sie kann Honorarkräfte einstellen, die über eine pädagogische Ausbildung verfügen und als Springer fungieren, wenn sie von einem oder einer Hochschulangehörigen gebraucht werden. Wichtig ist hierbei, dass eine hochschuleigene Stelle die Koordination und Vermittlung der Elternanfragen und der Einsätze der Betreuungskräfte in den elterlichen Wohnungen übernimmt (siehe hierzu auch 4.7). Verfügt die Hochschule über Studiengänge im pädagogischen Bereich, so bietet es sich an, die eigenen Studierenden für diese Honorartätigkeiten zu gewinnen. Der Vorteil dieser Variante liegt darin, dass sie für die Hochschule besonders kostengünstig ist, weil sie die Betreuungskräfte auf Honorarbasis nur für die tatsächlich geleisteten Stunden bezahlen muss und somit eine optimale Verwendung der finanziellen Ressourcen gegeben wäre. Andererseits muss zu bedenken gegeben werden, dass die Gewinnung von Betreuungskräften für diese Tätigkeit mit ausreichenden zeitlichen Ressourcen schwierig sein könnte. Denn in der Regel stellt eine solche Honorartätigkeit für die Betreuungskräfte eine Beschäftigung dar, die neben Studium, neben einer hauptberuflichen Tätigkeit oder neben der Erziehung eigener Kinder ausgeübt wird. Die meisten der in Frage kommenden Betreuungspersonen erfüllen daher nicht das Kriterium der ständigen Verfügbarkeit und kurzfristigen Einsetzbarkeit (Arbeit auf Abruf), die für die Notfallbetreuung dringend erforderlich ist.

Die Garantie für eine solche ständige Einsatzbereitschaft bei einem gleichzeitig hohem pädagogischen Niveau der Betreuungskräfte liefert die zweite mögliche Variante der Notfallbetreuung: Die Buchung eines entsprechenden Leistungspakets bei einem kommerziellen Anbieter für betrieblich unterstützte Kinderbetreuung (wie er bereits unter 4.4. im Zusammenhang mit der Schulferienbetreuung beschrieben wurde). Auch für die Notfallbetreuung ist diese Art der Dienstleistungsvereinbarung die teurere Variante für die Hochschule. Sie lohnt sich jedoch insbesondere für größere Hochschulen, weil damit nicht nur die Betreuungsarbeit selbst, sondern auch der Organisationsaufwand für die jeweilige Vermittlung der Betreuungspersonen an die Eltern vom Unternehmen übernommen wird.

Die Kooperation zwischen Hochschule und dem Anbieter der Kinderbetreuung erfolgt über einen Dienstleistungsvertrag. Die Eltern melden ihren Bedarf für Notfallbetreuung innerhalb einer zuvor festgelegten Frist an (in der Regeln 24 Stunden vor Inanspruchnahme)[123] – entweder beim Anbieter selbst oder in einer Koordinierungsstelle innerhalb der Hochschule (siehe 4.7.), die diesen Bedarf wiederum an den Anbieter weiterleitet. Der Anbieter verfügt über einen Pool an Betreuungspersonen und vermittelt eine passende Betreuungsperson für den benötigten Zeitraum an die Eltern. Bei mehrmaligen Einsätzen in einer Familie wird darauf geachtet, dass jeweils die gleiche Betreuungsperson eingesetzt wird.

Das Unternehmen stellt der Hochschule nach Ablauf der Vertragsdauer –in der Regel ein Jahr - die Vermittlungskosten in Rechnung.

---

123 Quelle: Telefonat mit Franz Reinartz vom Anbieter Kita|Concept; Antwort auf eine telefonische Anfrage durch den Anbieter B.u.K. (betrieblich unterstütze Kinderbetreuung); persönliches Gespräch mit Stefan Pischke und Christiane Strack, Mitarbeitende im FamilienBeratungsBüro der Heinrich-Heine-Universität Düsseldorf, in der die Notfallbetreuung für Beschäftigte durch den Anbieter B.u.K. übernommen wird.

Diese richten sich nach der Anzahl der tatsächlich in Anspruch genommenen Vermittlungen.[124] Die Betreuungskosten selbst werden den Eltern in Rechnung gestellt. Sie liegen – je nach Anbieter und Größe des Unternehmens - bei 4 € bis 10 € pro Stunde. Das ist hinsichtlich des finanziellen Budgets vieler Hochschulangehöriger nicht bedarfsgerecht, weil es nicht den finanziellen Ressourcen (insbesondere denjenigen von Studierenden) entspricht. Die Hochschule sollte daher einen finanziellen Ausgleich für Studierende und geringverdienende Beschäftigte schaffen, beispielsweise, indem sie eine einkommensabhängige Teilkostenerstattung des Betreuungsbetrages übernimmt.

4.6 Kurzzeitbetreuung

Für Hochschulangehörige gibt es immer wieder Situationen, in denen sie für ihre Kinder kurzfristig eine Betreuung benötigen, die im besten Falle vor Ort stattfinden sollte – sei es, weil sie eine Veranstaltung oder eine Sitzung im Randbereich der Kita-Öffnungszeiten besuchen müssen, eine Blockveranstaltung am Wochenende haben o.ä. Solche sich kurzfristig ergebenden Situationen können nicht durch die reguläre Betreuung abgedeckt werden, die die Eltern sonst für ihre Kinder nutzen, was sie vor große Probleme stellen kann.

Die Hochschule kann hier leicht Abhilfe schaffen und eine solche Kurzzeitbetreuung selbst anbieten. Anders als etwa eine hochschuleigene Kita, die als *regelmäßige* Betreuungseinrichtung hohe Auflagen hinsichtlich räumlicher Ausstattung und pädagogischer Besetzung erfüllen müsste und somit hohe Investitionskosten für die Hochschule mit sich brächte,[125] ist für die Eröffnung einer hochschuleigenen Kurzzeitbetreuung keine besondere Genehmigung nötig.[126] Die räumlichen Mindestanforderungen für eine solche „Be-

---

124 Vgl. ebd.

125 Vgl. Deutscher Bildungsserver: Gründung einer Kinderbetreuungseinrichtung (und damit verknüpfte Seiten)

126 Hierzu erging 2003 ein Gerichtsurteil vom Verwaltungsgericht Köln, wonach entschieden wurde, dass diese Betreuungsform – die sog. „Bewahrstuben" - keiner Betriebserlaubnis nach dem Kinder- und Jugendhilfegesetz bedürfen, weil keine regelmäßige Betreuung und Erziehung erfolgt (vgl.VG Köln – Urteil vom 07.10.2003, 26K 8973/00)

wahrstube" für *kurzzeitige, unregelmäßige* Kinderbetreuung (auch „Kinderstube" oder „Ikea-Modell" genannt, in Anlehnung an Betreuungsangebote in großen Kaufhäusern) sind bereits erfüllt, wenn ein bis zwei Räume mit ausreichend Spielmöglichkeiten vorhanden sind und in gut erreichbarer Nähe eine Toilette zur ausschließlichen Benutzung durch die Kinder zur Verfügung steht. (Eine Toilette in normaler Höhe mit abnehmbarem Kinderaufsatz genügt hierbei.) Je nach Größe der Hochschule und dementsprechend zu erwartendem Bedarf könnten also ein bis zwei nebeneinander liegende Seminarräume hierfür zur Verfügung gestellt und ausgestattet werden. Da in der Regel die auf den einzelnen Etagen der Hochschulgebäude befindlichen Sanitäranlagen über mehrere Toiletten verfügen, müsste lediglich eine von ihnen zur ausschließlichen Nutzung durch die Kinder in der Bewahrstube zur Verfügung gestellt und gekennzeichnet werden.[127]

Hinsichtlich des Betreuungspersonals und der Betreuungszeiten bieten sich je nach Größe der Hochschule und zu erwartender Kinderzahlen verschiedene Optionen an. Für größere Hochschulen, in denen von täglicher Inanspruchnahme des Angebots ausgegangen werden kann, sollten ein bis zwei Betreuungskräfte fest installiert und von der Hochschule beschäftigt werden. Hierfür eignen sich Tagespflegepersonen oder Erzieher_innen. Falls die Hochschule auch im Bereich Pädagogik ausbildet (z.B. in Studiengängen wie Soziale Arbeit, Pädagogik/Erziehungswissenschaften o.ä.), so können zusätzlich auch Studierende als Honorarkräfte und/oder Praktikant_innen eingesetzt werden. Das ist nicht nur für die Hochschule besonders kostengünstig, sondern nützt auch den Studierenden selbst, um Pflichtpraktika zu absolvieren oder einen Nebenjob am Hochschulstandort zu haben.

In kleineren Hochschulen, in denen die Kurzzeitbetreuung voraussichtlich nicht täglich genutzt wird, genügt unter Umständen die ausschließliche Besetzung der Bewahrstube mit Honorarkräften und

---

[127] In einigen deutschen Hochschulen wird eine solche Kurzzeitbetreuung bereits angeboten, z.B. in der Uni Paderborn (Quelle: persönliches Gespräch mit der Leiterin des Eltern-Service-Büros der Uni Paderborn, Frau Barbara Pickhardt und Besichtigung der Räumlichkeiten zur Kurzzeitbetreuung) oder in der Heinrich-Heine-Universität Düsseldorf (Quelle: persönliches Gespräch mit Christiane Strack und Stefan Pischke – Mitarbeitende des FamilienBeratungsBüros der Heinrich-Heine-Universität Düsseldorf)

Praktikant_innen. Wichtig ist hierbei, dass diese Betreuungskräfte zeitlich flexibel und bei Bedarf kurzfristig einsetzbar sind und dass die Koordination und Organisation durch eine zentrale Stelle innerhalb der Hochschule übernommen wird, welche die Anfragen von Eltern entgegennimmt und die Einsätze der Betreuungskräfte entsprechend plant (siehe 4.7.).

Befindet sich in räumlicher Nähe zur Hochschule noch ein anderes Unternehmen oder eine Institution, so könnte auch über eine Kooperation im Sinne einer gemeinsamen Kurzzeitbetreuung nachgedacht werden. So könnten sich beide Einrichtungen die Kosten entsprechend ihrer Mitgliederzahlen und der zu erwartenden anteiligen Inanspruchnahme aufteilen.

4.7 Platzvergabe und Vermittlung

Die letzten Kapitel verdeutlichten, dass es einer Vielzahl verschiedener Betreuungsangebote bedarf, um jeweils passgenau den Bedürfnissen der Hochschulangehörigen gerecht zu werden. Dabei zeigte sich die Wichtigkeit einer Vermittlungs- und Koordinationsstelle –zusätzlich zum eigentlichen Betreuungsangebot- welche für die jeweilige Platzvergabe bzw. Vermittlung der Kinder in das passende Betreuungsangebot zuständig ist und bei der ‚alles zusammenläuft': Eltern melden sich hier, wenn sie einen Betreuungsplatz für ihr Kind benötigen, die unterschiedlichen Akteure der jeweiligen Betreuungsform melden in regelmäßigen Abständen die jeweils belegten und freien (bzw. frei werdenden) Plätze, sodass hier das Matching zwischen den einzelnen Bedarfsmeldungen und den vorhandenen Plätzen geschieht. Die Koordinierungsstelle bildet die Schnittstelle zwischen den Eltern, dem jeweiligen Kooperationspartner, der die Kinderbetreuung durchführt, und der Hochschule (als Vertragspartner und Finanzier des jeweiligen Betreuungsangebots) und sollte direkt in der Hochschule verortet sein.

Für die Hochschule ist es ratsam, hierfür eine Person zu beschäftigten, die neben organisatorischen und koordinatorischen Fähigkeiten auch über Erfahrung in Kooperations- und Schnittstellenarbeit verfügt und darüber hinaus Einfühlungsvermögen und Beratungskompetenz besitzt. Sozialarbeiter_innen oder Sozialpädagog_innen oder Personen mit ähnlicher Ausbildung würden sich hierfür gut eignen, insbesondere deshalb, weil sie neben der Vermittlung von

Betreuungsplätzen auch Beratung zu anderen familienspezifischen Fragestellungen für hochschulangehörige Eltern leisten könnten und sollten. Denn in den meisten Fällen haben Studierende und Beschäftigte mit Kind(ern) noch weiteren Unterstützungs- und Beratungsbedarf zu vielen anderen Fragen und Problemen der Vereinbarkeit, der weit über die Vermittlung von Kinderbetreuung hinausgeht.

Optimal wäre es daher, an dieser Stelle eine zentrale Kontakt- und Beratungsstelle zu schaffen die für alle (werdenden) Eltern die erste Anlaufstelle an der Hochschule ist, wenn es um die Vereinbarkeit von Familie und Studium bzw. Beruf geht. Das umfasst beispielsweise die Beratung zu Mutterschutz, Elternzeit und Elterngeld, zu finanziellen Unterstützungsmöglichkeiten und Sozialleistungen, zur Studienorganisation und zum BAföG (für Studierende) u.v.m. Je nach Größe der Hochschule und dem zu erwartenden Vermittlungs- und Beratungsbedarf ist es ratsam, für diese Serviceeinrichtung (man kann sie z.B. Familienbüro nennen[128]) ggf. mehr als eine Person zu beschäftigen. In besonders großen Hochschulen sollte diese Arbeit in jedem Fall von mehreren Personen in einem Team erledigt werden, wobei sich die Unterteilung der Teammitglieder in verschiedene Schwerpunkte anbietet.[129] Auch weitere wichtige Aufgaben im Rahmen der Familienfreundlichkeit könnten dann in deren Tätigkeitsbereich liegen, z.B. der Aufbau eines Elternnetzwerkes und die Schaffung von Kennenlern-, Begegnungs- und Austauschmöglichkeiten für Eltern untereinander. Denn der Kontakt zu anderen Menschen an der Hochschule, die sich in einer ähnlichen Lebenslage befinden, ist insbesondere für studierende Eltern sehr wichtig. Der Austausch hilft, mit Problemen und Schwierigkeiten besser umzugehen und schafft Möglichkeiten der gegenseitigen Unterstützung. Das Familienbüro könnte hier die Funktion eines Netzwerkknotenpunktes übernehmen, beispielsweise Informationsveranstaltungen oder Austauschtreffen organisieren, bei denen Eltern

---

128 In vielen als familiengerecht zertifizierten deutschen Hochschulen gibt es solche oder ähnliche Service-Einrichtungen für Eltern bereits. Sie heißen in den meisten Fällen Familienbüros, Familien-Service-Büros oder Eltern-Service-Büros (vgl. berufundfamilie gGmbH 2008a)

129 So wird es beispielsweise in der Universität zu Köln gehandhabt (vgl. Universität zu Köln: Dual Career und Family Support) und in der Heinrich-Heine-Universität Düsseldorf (vgl. Heinrich-Heine-Universität Düsseldorf: FamilienBeratungsBüro)

sich begegnen und kennen lernen können. Auch die Implementierung eines Online-Forums für Eltern der Hochschule wäre denkbar.[130]

130 Durch die steigende Wichtigkeit des Internets als Kommunikationsplattform wird die Bedeutung dieses Mediums bei der Netzwerkarbeit für, mit und zwischen Eltern zukünftig noch weiter ansteigen.

5 Schlussbetrachtung

Auf der Grundlage der Analyse von nutzerbezogenen, institutionellen und betriebswirtschaftlichen Bedarfen einer Hochschule wurde in den vergangenen Kapiteln ein Konzept zur Kinderbetreuung entwickelt, welches die ermittelten Kriterien zu vereinen versucht. Im nun folgenden Kapitel sollen die Ergebnisse in Form von Vorschlägen für hochschulspezifische Betreuungsangebote zusammengefasst werden. Anschließend werden die sich daraus ergebenden Schlussfolgerungen und Ausblicke für die Praxis dargestellt.

5.1 Zusammenfassung und Bewertung der Ergebnisse

Die Ergebnisse der Bedarfsanalyse ergaben, dass es für die Konzeption eines ganzheitlichen Betreuungsangebotes für Kinder von Hochschulangehörigen wichtig ist, das jeweilige Kindesalter zu beachten. Deshalb stellt das hier vorgeschlagene Konzept ein Konglomerat aus verschiedenen Betreuungsvarianten dar, die sich nach den unterschiedlichen Altersgruppen der Kinder differenzieren und auf spezifische Betreuungssituationen abgestimmt sind:

Für die Altersgruppe der unter 3-Jährigen wurde die Betreuung durch Tagespflegepersonen vorgeschlagen. Durch einen Dienstleistungsvertrag der Hochschule mit einem örtlichen Träger der Kindertagespflege sichert die Hochschule sich ein bestimmtes Platzkontingent bei Tagesmüttern bzw. vätern. Dieses Betreuungskonzept erfüllt nahezu alle zuvor ermittelten Bedarfskriterien, weil es für die Eltern die größtmögliche Flexibilität hinsichtlich der Betreuungszeiten bedeutet und durch die familienähnliche Betreuungsstruktur den Bedürfnissen für diese Altersgruppe in besonderem Maße gerecht wird. Außerdem können hierbei auch die Kinder der in benachbarten Kommunen wohnenden Eltern in Hochschulnähe betreut werden. Aus betriebswirtschaftlicher Sicht ist der Dienstleistungsvertrag (und die damit verbundenen Verpflichtungen und Kosten für die Hochschule) die günstigste Variante der Sicherung von Betreuungsplätzen, die aufgrund der besonders guten Bedarfsdeckung bei den Hochschulangehörigen gleichzeitig den größten Imagegewinn mit sich bringt.

Für die Betreuung von Kindern von drei Jahren bis zum Schuleintritt wurde die Sicherung von Belegplätzen in verschiedenen ortsansässigen Kindertageseinrichtungen vorgeschlagen. Über einen Kooperationsvertrag mit den Trägern dieser Einrichtungen sichert sich die Hochschule das Belegrecht für die benötigten Plätze – in Hochschulnähe und in den verschiedenen Stadtteilen, in denen ihre Mitglieder wohnen. Von den für diese Altersgruppe betriebswirtschaftlich vertretbaren Varianten birgt diese Kooperation für die Hochschule die geringsten Kosten, da der zu zahlende Betrag in etwa dem Trägeranteil des Kooperationspartners entspricht. Hinsichtlich der Erfüllung der Bedarfskriterien müssen hier jedoch Abstriche bei der Randzeitenbetreuung (nach 18 Uhr und am Wochenende) gemacht werden, weil man hier an die Kindergartenöffnungszeiten gebunden ist. Zur Kompensation könnten zusätzliche Kontingente bei Tagespflegepersonen erworben werden oder die Angebote der Kurzzeit- oder Notfallbetreuung genutzt werden.

Um die Betreuungslücke für Kinder im Schulalter zu schließen, sollte die Hochschule für ein Nachmittagsbetreuungsangebot für diese Altersgruppe sorgen. Da dies bisher nur an wenigen Hochschulen realisiert wird, wäre ein solches Angebot ein Novum, welches für die Hochschulangehörigen eine wichtige Unterstützung darstellt, dringende Bedarfe deckt und für die Hochschule selbst einen wichtigen Wettbewerbsvorteil, insbesondere hinsichtlich Gewinnung von wissenschaftlichem Personal, verspricht. Je nachdem, wie sich die Betreuungsinfrastruktur vor Ort darstellt, sollte die Hochschule entweder mit den örtlichen Trägern der Horte oder Gantztagsbetreuung in den Schulen kooperieren (dort, wo die Nachmittagsbetreuung überwiegend in Schulen stattfindet) oder mit den Trägern von Kindertageseinrichtungen (dort, wo die Schulkinder vorwiegend in speziellen Gruppen in Kitas betreut werden). In beiden Fällen ist die Sicherung von Belegrechten das günstigste Modell mit dem höchsten Maß der Bedarfsdeckung für die Hochschulangehörigen – vorausgesetzt das Belegrecht sichert auch den Hochschulmitgliedern aus benachbarten Kommunen einen Platz und die Hochschule sorgt für einen finanziellen Ausgleich für zu hohe kommunale Elternbeiträge.

Für die Betreuung in den Schulferien kann die Hochschule Hortplätze in Schulen sichern, wenn die diesbezügliche kommunale Betreuungsinfrastruktur ausreichend ausgebaut ist. Andernfalls bietet sich die Beauftragung eines Unternehmens an, welches sich auf die Kinderbetreuung für Betriebe spezialisiert hat, die sog. betrieblich unterstützte Kinderbetreuung. Die Beauftragung eines Unternehmens ist für die Hochschule vergleichsweise teuer, jedoch immer noch günstiger als eine Betreuung in eigenen Räumen und durch eigenes Personal (aufgrund hoher Investitions- und/oder Mietkosten, Personalkosten etc.). Es ist auch hier darauf zu achten, dass bei hohen Elternbeiträgen insbesondere für Studierende und gering verdienende Beschäftigte ein finanzieller Ausgleich oder eine Teilerstattung durch die Hochschule gewährleistet wird.

Auch für die Notfallbetreuung bietet sich die Buchung eines entsprechenden Leistungspakets bei einem Anbieter betrieblich unterstützter Kinderbetreuung an. Das sichert ein besonders hohes Maß an Flexibilität und die Möglichkeit einer sehr kurzfristigen Betreuung durch eine vom Unternehmen vermittelte Betreuungsperson und entspricht daher in besonderem Maße dem elterlichen Bedarf. Für die Hochschule ist dies jedoch die vergleichsweise teure Variante, weshalb – je nach Höhe der verfügbaren finanziellen Ressourcen - abgewogen werden muss, ob die Notfallbetreuung stattdessen durch die Beschäftigung eigener Honorarkräfte gesichert werden könnte.

Für die Kurzzeitbetreuung ist die betriebswirtschaftlich günstigste Variante die Übernahme der Betreuung durch die Hochschule selbst in hochschuleigenen Räumen. Dank der vergleichsweise ‚lockeren' gesetzlichen Rahmenbedingungen für die Einrichtung entsprechender Räumlichkeiten entstehen vergleichsweise geringe Investitionskosten. Es bietet sich an Honorarkräfte als Betreuungspersonen zu beschäftigen. Das können – je nach vorhandenem Studienangebot - auch die eigenen Studierenden sein. Gleichzeitig deckt diese Variante den elterlichen Bedarf am besten, weil die Betreuung direkt vor Ort übernommen wird und ihnen somit weite Wege und Zeit erspart werden.

Zur Koordinierung der jeweiligen Betreuungsangebote und zur Vermittlung der Plätze ist es nötig, eine zentrale Stelle innerhalb der Hochschule einzurichten. Neben der Koordinierungs- und Vermittlungsfunktion könnte sie als Kontakt- und Beratungsstelle für Eltern fungieren, die Hochschulangehörige mit Kind(ern) in allen anfallenden Fragen und Anliegen berät und unterstützt und Angebote der Vernetzung untereinander schafft.

5.2 Schlussfolgerungen für die Praxis

Die vorgeschlagenen Betreuungslösungen können in ihrer Gesamtheit zwar den größten Teil, jedoch nicht alle Bedarfe von Hochschulangehörigen erfüllen. Nicht jede der genannten Betreuungsvarianten entspricht dabei den betriebswirtschaftlichen Kriterien in vollem Umfang. Das liegt zum einen darin begründet, dass sich in einigen Punkten die elterlichen Bedarfe und die betriebswirtschaftlichen Interessen als unvereinbar darstellen. Die ermittelten Lösungsvorschläge können hier lediglich Annäherungen an beide ‚Seiten' sein. Zum anderen erweisen sich hochschulspezifische Betreuungsangebote immer dann als besonders kostenintensiv, wenn die örtliche Betreuungsinfrastruktur nicht ausreichend ausgebaut ist, sodass die Hochschule nicht darauf zurückgreifen kann diese mit zu nutzen. Dort, wo diese Synergieeffekte fehlen, muss sie eigene Betreuungslösungen bereitstellen bzw. diese „einkaufen", was jeweils mit höheren Kosten verbunden ist.

Trotzdem sollte eine Hochschule diese Kosten nicht scheuen. – Nicht nur, um Hochschulangehörige mit Kindern zu unterstützen und deren Bedürfnissen zu entsprechen. Vielmehr können derlei Investitionen in familienfreundliche Maßnahmen für eine Hochschule überaus lohnenswerte Effekte nach sich ziehen, sodass die Kosten-Nutzen-Bilanz hierbei stets positiv ausfällt (wie Kap. 2 verdeutlicht).

Außerdem gibt es auch für die Hochschule vielfältige Möglichkeiten der zusätzlichen Mittelgewinnung durch Fundraising.[131] Da familienpolitische Maßnahmen gesellschaftlich sehr gut angesehen sind, gelten vereinbarkeitsrelevante Angebote im Allgemeinen als unterstützenswert. Einer Hochschule, welche für ihre Mitglieder den Fokus auf familienunterstützende Angebote legt und sich hinsichtlich dieser Angebote als besonders fortschrittlich erweist - auch im Vergleich zu anderen Hochschulen - wird es daher nicht schwer

---

131 Unter Fundraising versteht man die „systematische und zielgerichtete, zukunfts- und erfolgsorientierte Gestaltung der Beziehungen zwischen einer Organisation und (derzeitigen und potentiellen) Ressourcengebern." (Quelle: Dahle, G./Schrader, M./Vogt, M., 2008: Marketing in der Sozialen Arbeit. Teil II: Fundraising, S. 9) Dies meint zunächst das Sammeln von geldwerten Spenden, aber auch die Beschaffung verschiedenster anderer Ressourcen: Sachmittel, Dienstleistungen, Zeit und Arbeitskraft (Quelle: Urselmann, M. 2007 Fundraising. Professionelle Mittelbeschaffung für Nonprofit-Organisationen. S. 11ff)

fallen, verschiedene Unterstützer_innen und Finanziers für diese Angebote zu gewinnen. Wird Fundraising systematisch und ganzheitlich betrieben, lassen sich damit große Anteile der nötigen Mittel für die Betreuungsangebote gewinnen. Die genaue Analyse potentieller Geber_innen spielt dabei eine ebenso große Rolle wie die gezielter Aufnahme und Pflege von Spender_innenkontakten und das Management der daraus entstehenden Maßnahmen.[132] Insbesondere für größere Hochschulen erscheint dabei die Anstellung einer speziellen Person (eines Fundraisers/einer Fundraiserin) für die Mittelgewinnung im Bereich der Familienfreundlichkeit als lohnenswert, weil der zu erwartende Gewinn die personellen Investitionen um ein Vielfaches übersteigen kann.[133]

5.3 Ausblick

Familie und Studium bzw. Beruf sind keine getrennten Lebensbereiche. Um diese zu vereinen, ist Kinderbetreuung für Hochschulangehörige unbestritten ein bedeutendes Element. Im Rahmen dieser Arbeit wurde ein kriteriengestütztes Betreuungsmodell entwickelt, welches im Ergebnis zwar keine hundertprozentige Bedarfsdeckung liefern konnte, jedoch eine größtmögliche Annäherung an die Be-

---

132 Privatpersonen könnten beispielsweise durch gezielte persönliche Ansprache gewonnen werden (z.B. durch einen Stand auf einem Sommerfest, welches in fast jeder Hochschule stattfindet oder im Rahmen anderer Veranstaltungen). Dabei kommen insbesondere Eltern als Spender_innen in Frage, da diese aufgrund des persönlichen Bezugs erfahrungsgemäß häufig zur Unterstützung bereit sind. Auch ortsansässige Organisationen und Wirtschaftsunternehmen kommen als Geber_innen in Frage. Durch Geldmittel, die sie der Hochschule zur Unterstützung ihrer Betreuungsangebote zur Verfügung stellen, erhalten sie im Gegenzug positive Publicity und besonderes Ansehen. Die Unterstützung der „guten Sache" stärkt das Ansehen des Unternehmens als sozial engagiertes, familienfreundliches Unternehmen. Eine Spende – richtig vermarktet (beispielsweise durch einen öffentlichen Akt der Übergabe, Einbezug lokaler Medien, wie der Presse etc.) - bringt somit nicht nur der Hochschule, sondern auch dem Unternehmen einen geldwerten Vorteil.

133 Für kleinere Hochschulen würde es sich hingegen lohnen, eine Person für das Fundraising einzustellen, die für die Mittelgewinnung für *alle* Hochschulbereiche zuständig ist.

dürfnisse Beschäftigter und Studierender liefert und gleichzeitig betriebwirtschaftlichen und institutionellen Interessen gerecht wird.

Wenn es um Familienfreundlichkeit geht, bilden maßgeschneiderte Betreuungslösungen jedoch nur einen Teil der Handlungsfelder einer Hochschule. Um die Arbeits- und Studienbedingungen für ihre Mitglieder familienbewusst zu gestalten, muss eine Hochschule viele weitere Bereiche bearbeiten und im Sinne einer besseren Vereinbarkeit verändern. Einen Überblick über die Handlungsfelder, die dabei von besonderer Bedeutung sind, hat die berufundfamilie gGmbH im Zuge des Audits „familiengerechte Hochschule" erstellt.[134] Familienfreundlichkeit spiegelt sich demnach *für Beschäftigte* auch in der Arbeitszeitgestaltung wieder (z.B. durch Gleitzeitmodelle, Arbeitszeitkonten, Vertrauensarbeitszeit, Jobsharing bei Professuren und Qualifikationsstellen, Freistellungsregelungen etc.), aber auch in der Arbeitsorganisation (durch familiengerechte Gremien- und Besprechungstermine beispielsweise) und in der Flexibilität des Arbeitsortes (z.B. durch Möglichkeiten der alternierenden Telearbeit, Arbeitsräume für promovierende Eltern etc.). Auch eine familienbewusste und familienfördernde Personalpolitik, die Sensibilisierung von Führungskräften für das Thema und eine entsprechende Informations- und Personalpolitik mit speziellen Services für Familien spielen hierbei eine wichtige Rolle. Für *studierende Eltern* sind darüber hinaus Elemente wie die Flexibilisierung von Prüfungsregelungen, Teilzeitstudiengänge und die Möglichkeit individueller Stundenpläne wichtig. Auch eine familiengerechte Organisation von Pflichtveranstaltungen, Regelungen zur Kompensation von Leistungsausfällen, Studiengebührenbefreiung[135] und finanzielle Nothilfen für Eltern gehören neben vielen weiteren Handlungsfeldern dazu.

An dieser Stelle wird eines offenkundig: Bedarfsgerechte Kinderbetreuungsangebote sind nur ein kleiner Teil familienfreundlicher Hochschulpolitik. Das Spektrum an Maßnahmen, die zu mehr Familienfreundlichkeit an Hochschulen beitragen, ist so groß, dass seine Bearbeitung den Rahmen dieser Arbeit um ein Vielfaches übersteigen würde. Denkbar wäre hierfür eine Promotion oder eine wissenschaftliche Studie. Dabei könnte beispielsweise eine Hochschule be-

---

134 Vgl. berufundfamilie gGmbH 2008a

135 Das gilt selbstverständlich nur für diejenigen Bundesländer und Hochschulen, in denen Studiengebühren erhoben werden.

gleitet werden, welche es sich zum Ziel gesetzt hat, Maßnahmen der Familienfreundlichkeit - ganzheitlich verstanden - in allen relevanten Bereichen zu implementieren.

6 Anhang

6.1 Übersicht der Tabellen und Grafiken

6.2. Literaturverzeichnis

- **Althaber, Agnieszka/Hess, Johanna/Pfahl, Lisa:** *Karriere mit Kind in der Wissenschaft – Egalitärer Anspruch und tradierte Wirklichkeit der familiären Betreuungsarrangements von erfolgreichen Frauen und ihren Partnern.* In: Rusconi, Alessandra/Solga, Heike (Hrsg.): Gemeinsam Karriere machen. Die Verflechtung von Berufskarrieren und Familie in Akademikerpartnerschaften. Opladen und Farmington Hills, MI, 2011
- **Auferkorte-Michaelis, Nicole/Metz-Göckel, Sigrid/Wergen, Jutta/Klein, Anette:** *Junge Elternschaft und Wissenschaftskarriere. Wie kinderfreundlich sind Wissenschaft und Universitäten?* In: Zeitschrift für Frauenforschung und Geschlechterstudien Heft 3/2005, S. 14-23
- **berufundfamilie gGmbH:** *Für die Praxis: Standortvorteil familiengerechte Hochschule. Spezifische Lösungen für die familiengerechte Gestaltung der Arbeits- und Studienbedingungen an deutschen Hochschulen.* Frankfurt/M. 2008a
- **Blossfeld, Gwendolin Josephine:** *Die Vereinbarkeit von Ausbildung, Familie und Beruf bei Frauen. Langfristige Trends und neueste Entwicklungen in Ost- und Westdeutschland.* Opladen und Farmington Hills, MI 2011
- **Bund-Länder-Kommission für Bildungsplanung und Forschungsförderung:** *Zukunft von Bildung und Arbeit. Perspektiven von Arbeitskräftebedarf und –angebot bis 2015.* In: Bund-Länder-Kommission für Bildungsplanung und Forschungsförderung (BLK): Materialien zur Bildungsplanung und Forschungsförderung Nr. 104/2002, Bonn 2002
- **Bundesministerium für Bildung und Forschung (BMBF) – Referat Chancengleichheit in Bildung und Forschung (Hrsg.):** *Kinder- Wunsch und Wirklichkeit in der Wissenschaft. Forschungsergebnisse und Konsequenzen.* Bonn, Berlin 2010
- **Bundesministerium für Bildung und Forschung (BMBF):** *Studieren mit Kind. Ergebnisse der 18. Sozialerhebung des deutschen Studentenwerks - durchgeführt durch HIS Hochschul-Informations-System.* Bonn, Berlin 2008

- **Bundesministerium für Familie, Senioren, Frauen und Jugend:**
  - *Zweiter Zwischenbericht zur Evaluation des Kinderförderungsgesetzes. Bericht der Bundesregierung 2011 nach § 24a Abs. 5 SGB VIII über den Stand des Ausbaus für ein bedarfsgerechtes Angebot an Kindertagesbetreuung für Kinder unter drei Jahren für das Berichtsjahr 2010.* Berlin 2011
  - *Vereinbarkeit von Beruf und Familie mit Schulkindern.* Berlin 2011a
- **Dahle, Gabriele/Schrader, Michael/Vogt, Michael:** *Marketing in der Sozialen Arbeit. Teil II: Fundraising.* Studienbrief zum Modul Marketing des berufsbegleitenden Master-Studiengangs Sozialmanagement an der Fachhochschule Niederrhein. Hagen 2008
- **De Graat, Elena:** *Kennzahlen und Kosten-Nutzen-Relationen zur Bewertung familienfreundlicher Maßnahmen in Unternehmen.* In Esslinger, Adelheid S./Schobert, Deniz B. (Hrsg.): Erfolgreiche Umsetzung von Work-Life Balance in Organisationen: Strategien, Konzepte, Maßnahmen. Wiesbaden 2007
- **Deutscher Industrie- und Handelskammerring (DIHK):** *Der Kita-Check. Kinderbetreuung in Deutschland 2008. Ergebnisse einer DIHK-Kita-Befragung.* Berlin 2008
- **Diekmann, Laura-Christin/Plünnecke, Axel:** *Familienfreundlichkeitsindex. Deutsche Familienpolitik im europäischen Vergleich.* Köln 2009
- **Gebhardt, Wilfried:** *Kosten personeller Fehleinschätzungen* -- Unterlagen zum Seminar „Leitung und Personalmanagement" im Master-Studiengang Sozialmanagement am 02.12.2011
- **Gebhardt, Wilfried:** *Betriebswirtschaftlicher Nutzen von Familienfreundlichkeit.* Vortrag im Rahmen der Veranstaltung „Jeden Cent wert – Vereinbarkeit von Beruf und Familie – ein Plus für Unternehmen". Aachen, 23.04.2007
- **Hummel, Markus/Reinberg, Alexander:** *Steuert Deutschland langfristig auf einen Fachkräftemangel zu?* In: Bundesanstalt für Arbeit (Hrsg.): IAB-Kurzbericht Nr. 9/2003. Nürnberg 2003
- **Jaich, Roman:** *Finanzierung der Kindertagesbetreuung in Deutschland. Gutachten im Rahmen des Projektes „Familienunterstützende Kinderbetreuungsangebote" des DJI.* Kassel 2003

- **Lind, Inken:** *Aufgeschobene Kinderwünsche, eingeschränkte Perspektiven? Zur Vereinbarkeit von Wissenschaft und Elternschaft – Ergebnisse einer aktuellen Studie.* In: Forschung und Lehre Nr. 15 2011, S. 754-756
- **Metz-Göckel, Sigrid/Selent, Petra/Schürmann, Ramona:** *Integration und Selektion. Dem Dropout von Wissenschaftlerinnen auf der Spur.* In: Beiträge zur Hochschulforschung Nr. 1 2010, S. 8-35
- **Metz-Göckel, Sigrid/Möller, Christina/Auferkorte-Michaelis, Nicole:** *Wissenschaft als Lebensform – Eltern unerwünscht? Kinderlosigkeit und Beschäftigungsverhältnisse des wissenschaftlichen Personals aller nordrhein-westfälischen Universitäten.* Opladen und Farmington Hills, MI 2009
- **Middendorf, Elke:** *Kinder eingeplant? Lebensentwürfe Studierender und ihre Einstellung zum Studium mit Kind. Befunde einer Befragung des HISBUS-Online-Panels im November/Dezember 2002* (HIS Kurzinformationen A4/2003), Hochschulinformationssystem (Hrsg). Hannover 2003
- **Schmitz, Marcus:** *Familienfreundlichkeit als Unternehmensstrategie. Potentialträger motivieren und binden.* Düsseldorf 2006
- **Seidel, Axel:** *Familienfreundlichkeit rechnet sich. Familienfreundlichkeit in Unternehmen. Maßnahmen und Effekte.* Meschede 2004
- **Solga, Heike/Rusconi, Alessandra (Hrsg.):** *Gemeinsam Karriere machen. Die Verflechtung von Berufskarrieren und Familie in Akademikerpartnerschaften.* Opladen und Farmington Hills, MI, 2011
- **Stadt Dortmund – Jugendamt (Hrsg.):** *Großtagespflege in Dortmund. Chancen einer professionalisierten Kindertagespflege.* Dortmund 2010
- **Statistische Ämter des Bundes und der Länder:**
  - *Demografischer Wandel in Deutschland. Auswirkungen auf Kindertagesbetreuung und Schülerzahlen im Bund und in den Ländern.* Wiesbaden 2009
  - *Kindertagesbetreuung regional 2011. Ein Vergleich aller 412 Kreise in Deutschland,* Wiesbaden 2011
- **Urselmann, Michael:** *Fundraising. Professionelle Mittelbeschaffung für Nonprofit-Organisationen.* Bern/Stuttgart/Wien 2007 (4. Auflage)

- **Verwaltungsgericht Köln** – *Urteil vom 07.10.2003, 26K 8973/00*
- **Wirtschaftsministerium Baden-Württemberg:** *Betrieblich unterstützte Kinderbetreuung. Leitfaden für Unternehmen.* Stuttgart 2005
- **Wissenschaftlicher Beirat für Familienfragen (Hrsg.):** *Ausbildung, Studium und Elternschaft. Analysen und Empfehlungen zu einem Problemfeld im Schnittpunkt von Familien- und Bildungspolitik. Gutachten für das Bundesministerium für Familie, Senioren, Frauen und Jugend.* Wiesbaden 2011

6.3. Verzeichnis der Internetquellen

- **Bayerisches Staatsministerium für Arbeit und Sozialordnung, Familie und Frauen: Bildungs- und Erziehungsplan**
  http://www.stmas.bayern.de/kinderbetreuung/bep/index.php
  (zuletzt aufgerufen am 25.05.2012)
- **Berlin.de – Das Hauptstadtportal:**
  - **Bildung, Erziehung und Betreuung in Kindertageseinrichtungen Berlins:** *http://www.berlin.de/imperia/md/content/senfamilie/kindertagesbetreuung/elterninformation.pdf?start&ts=1221033560&file=elterninformation.pdf*
    (zuletzt aufgerufen am 20.04.2012)
  - **Ausführungsvorschrift zur Kindertagespflege:**
    https://gateway.hamburg.de/hamburggateway/fvp/fv/BSF/KitaInfo/wfKitaBeitragsrechner.aspx?sid=95
    (zuletzt aufgerufen am 25.06.2012)
- **Bertelsmann-Stiftung: Ländermonitor frühkindliche Bildungssysteme:**
  - **Pressemitteileilung 24/2009: Betreuungsangebot für Kleinkinder:** *http://www.bertelsmann-stiftung.de/cps/rde/xbcr/SID-C250F9A1-7CAFEA74/bst/xcms_bst_dms_28924_28925_2.pdf*
    (zuletzt aufgerufen am 24.05.2012)
  - **Rechtsanspruch des Kindes: Betreuungsplatz und –umfang:**
    http://www.laendermonitor.de/grafiken-tabellen/indikator-1-rechtsanspruch-des-kindes-auf-einen-betreuungsplatz/indikator/3/indcat/1/indsubcat/0/index.html
    (zuletzt aufgerufen am 01.05.2012)
- **berufundfamilie gGmbH:**
  - **audit familiengerechte hochschule:**
    http://www.beruf-und-familie.de/index.php?c=22#elema436
    (zuletzt aufgerufen am 21.06.2012)
  - **Betriebswirtschaftliche Effekte einer familienbewussten Personalpolitik – Ergebnisse einer repräsentativen Unternehmensbefragung:**
    http://www.beruf-und-familie.de/system/cms/data/dl_data/7a9ba6c5421b083be7c6ca513f206d1c/Factsheet_BWL_Effekte_081105.pdf
    (zuletzt aufgerufen am 01.06.2012)

- **Mehr Erfolg mit mehr Familie***:*
  http://www.beruf-und-familie.de/system/cms/data/dl_data/4b87e3 d72ffce91af65aef164a72622c/Mehr_Erfolg_mit_mehr_Familie.pdf (zuletzt aufgerufen am 02.06.2012)
- **Betrieblich unterstützte Kinderbetreuung: B.u.K:** *http://www.buk-vffr.de/*(zuletzt aufgerufen am 27.06.2012)
- **Bundesministerium der Justiz: Das Wissenschaftszeitvertrags-gesetz:** *http://www.gesetze-im-internet.de/wisszeitvg/__2.html* (zuletzt aufgerufen am 13.06.2012)
- **Bundesministerium für Bildung und Forschung BMBF:**
  - **Der Bologna-Prozess:** *http://www.bmbf.de/de/3336.php* (zuletzt aufgerufen am 01.05.2012)
  - **Ganztagsschulen***:* *http://www.ganztagsschulen.org/110.php* (zuletzt aufgerufen am 03.07.2012)
- **Gesetz über befristete Arbeitsverträge in der Wissenschaft:** *http://www.bmbf.de/pubRD/informationen_wissenschaftszeitvertragsg esetz.pdf* (zuletzt aufgerufen am 12.06.2012)
- **Bundesministerium für Familie, Senioren, Frauen und Jugend:**
  - **Gender-Datenreport: Kinderbetreuungsangebote und Erwerbstätigkeit:** *http://www.bmfsfj.de/doku/Publikationen/genderreport/5-Ver einbarkeit-von-familie-und-beruf/5-8-kinderbetreuungsangebote-und-erwerbstaetigkeit.html* (zuletzt aufgerufen am 18.05.2012)
  - **Handbuch Kindertagespflege:** *http://www.handbuch-kindertagespflege.de/einleitung/dok/3.php* (zuletzt aufgerufen am 18.06.2012)
  - **Handbuch Kindertagespflege – Wissenswertes für Tagesmütter:** *http://www.handbuch-kindertagespflege.de /3_wissenswertes_fuer_tagesmuetter/dok/55.php* (zuletzt aufgerufen am 23.06.2012)
  - **Handbuch Kindertagespflege – Zuschuss des Arbeitgebers:** *http://www.handbuch-kindertagespflege.de/5_wissenswertes_fuer_ betriebe/51_warum_ist_kindertagespflege_fuer_betriebe_ interessant/511_zuschuss_des_arbeitgebers_zur_kinderbetreuung/ dok/142.php* (zuletzt aufgerufen am 28.06.2012)

- **Kosten für Kindertageseinrichtungen und Kindertagespflege und ihre Finanzierung:**
  http://www.bmfsfj.de/doku/Publikationen/zahlenspiegel2007/9-kosten-fuer-kindertageseinrichtungen-und-kindertagespflege-und-ihre-finanzierung.html (zuletzt aufgerufen am 03.07.2012)

- **Lokale Bündnisse für Familien:**
  http://www.lokale-buendnisse-fuer-familie.de/ - und weiterführende bzw. verlinkte Seiten (zuletzt aufgerufen am 20.06.2012)
- **Kinderbetreuung in Deutschland - Kindertagesstätte:**
  http://www.vorteil-kinderbetreuung.de/fuer_muetter_vaeter/kinderbetreuung_in_deutschland/kindertageseinrichtungen/kindertagesstaette/dok/119.php
  (zuletzt aufgerufen am 29.04.2012)
- **Deutscher Bildungsserver:**
  - **Gründung einer Kinderbetreuungseinrichtung:**
    http://www.bildungsserver.de/Gruendung-einer-Kinderbetreuungseinrichtung-3362.html
    (zuletzt aufgerufen am 03.07.2012)
  - **Sachsen-Anhalt - Horte und Ganztagsbetreuung:**
    http://www.bildungsserver.de/Sachsen-Anhalt-Horte-und-Ganztagsbetreuung--4947.html (zuletzt aufgerufen am 15.05.2012)
  - **Rechtsanspruch Kindergartenplatz:**
    http://www.bildungsserver.de/Rechtsanspruch-Kindergartenplatz-1850.html (zuletzt aufgerufen am 17.06.2012)
- **Familie in der Hochschule:**
  http://www.familie-in-der-hochschule.de/cms/?getObject=853
  (zuletzt aufgerufen am 16.06.2012)
- **Familienservice der Albert-Ludwigs-Universität Freiburg: Belegplätze der Medizinischen Fakultät:**
  http://www.familienservice.uni-freiburg.de/kinderbetreuung/kibe-uni/belegmed (zuletzt aufgerufen am 30.06.2012)
- **Gesis – Leibnitz-Institut für Sozialwissenschaften: Projekt Balancierung von Wissenschaft und Elternschaft BAWIE**
  http://efas.htw-berlin.de/wp-content/uploads/FF-Lind_efas_08.pdf
  (zuletzt aufgerufen am 21.06.2012)

- **Gesis – EFFEKTIV: Für mehr Familienfreundlichkeit an deutschen Hochschulen:** *http://www.familienfreundliche-hochschule.org/home* - und weiterführende verlinkte Seiten (zuletzt aufgerufen am 17.05.2012)
- **Gewerkschaft Erziehung und Wissenschaft (GEW): Die Landeshochschulgesetze:** *www.gew.de/Landeshochschulgesetze_3.html* (zuletzt aufgerufen am 05.05.2012)
- **Hamburg-Service – Kita Infosystem: Elternbeitragsrechner:** *https://gateway.hamburg.de/hamburggateway/fvp/fv/BSF/KitaInfo/wfKitaBeitragsrechner.aspx?sid=95* (zuletzt aufgerufen am 30.06.2012)
- **Heinrich-Heine-Universität Düsseldorf: FamilienBeratungsBüro:** *http://www.uni-duesseldorf.de/home/universitaet/strukturen/beauftragte/gleichstellungsbeauftragte/familienbuero.html* (zuletzt aufgerufen am 02.07.2012)
- **Hessenrecht – Rechts- und Verwaltungsvorschriften: Hessisches Kinder- und Jugendhilfegesetzbuch:** *http://www.rv.hessenrecht.hessen.de/jportal/portal/t/wgc/page/bshesprod.psml?pid=Dokumentanzeige&showdoccase=1&js_peid=Trefferliste&fromdoctodoc=yes&doc.id=jlrKJHGHErahmen&doc.part=X&doc.price=0.0#focuspoint* (zuletzt aufgerufen am 28.04.2012)
- **Hochschule Hannover: Kinderbetreuung an der FFH:** *http://www.fh-hannover.de/index.php?id=20313* (zuletzt aufgerufen am 27.06.2012)
- **Initiative Neue Soziale Marktwirtschaft: Kindergartenmonitor:** *http://www.insm-kindergartenmonitor.de/files/Summary-Kindergartenmonitor.pdf* (zuletzt aufgerufen am 27.05.2012)
- **Juris-Rechtsportal: Gesetz zur Förderung von Kindern in Kindertageseinrichtungen und in der Kindertagespflege (Kindertagesförderungsgesetz – KiföG M-V):** *http://mv.juris.de/mv/gesamt/KTEinrG_MV.htm* (zuletzt aufgerufen am 28.05.2012)
- **Kindertagespflege e.V. Reutlingen: Kindertagespflege an der Hochschule Reutlingen**: *http://www.tagesmuetter-rt.de/aktuelle-nachrichten-details/items/campus-tiger-hochschule.html* (zuletzt aufgerufen am 30.06.2012)

- **Kita | Concept – betriebliche Kinderbetreuung: Beratung, Management und Trägerschaft:** *www.kita-concept.de* - und weiterführende verlinkte Seiten (zuletzt aufgerufen am 27.06.2012)
- **Kita Bremen – Kindergarten-Info:** *http://www.kita.bremen.de/sixcms/media.php/13/Kindergarten Info.pdf* (zuletzt aufgerufen am 29.04.2012)
- **Land Brandenburg: Studium in Brandenburg - Kinder und Karriere:** *http://www.studium-in-brandenburg.de/index.php?kuk* (zuletzt aufgerufen am 15.05.2012)
- **Ministerium für Arbeit, Frauen und Familie (MASF) - Kindertagesstätten:** *http://www.masf.brandenburg.de/sixcms/detail.php/bb1.c. 222111.de* (zuletzt aufgerufen am 01.05.2012)
- **Landesrecht BW – Bürgerservice: Kindergartenförderungsgesetz**: *http://www.landesrecht-bw.de/jportal/?quelle=jlink&query=FinAusglG+BW+%C2%A7+29b&psml=bsbawueprod.psml&max=true* (zuletzt aufgerufen am 22.06.2012)
- **Landesrecht Saarland - Saarländisches Ausführungsgesetz nach §26 des Achten Buches Sozialgesetzbuch - Saarländisches Kinderbetreuungs- und -bildungsgesetz (SKBBG)** *http://sl.juris.de/sl/SGB8Pg26AG_SL_rahmen.htm#inhalt* (zuletzt aufgerufen am 01.06.2012)
- **Landesrecht Sachsen-Anhalt: Gesetz zur Förderung und Betreuung von Kindern in Kindertageseinrichtungen und in Tagespflege des Landes Sachsen-Anhalt (Kinderförderungsgesetz KiFöG):** *http://st.juris.de/st/gesamt/KiFoeG_ST.htm* (zuletzt aufgerufen am 02.06.2012)
- **Landesregierung Schleswig-Holstein – Landesvorschriften und Landesrechtssprechung: Gesetz zur Förderung von Kindern in Tageseinrichtungen und Tagespflegestellen - Kindertagesstättengesetz (KitaG):** *http://www.gesetze-rechtsprechung.sh.juris.de/jportal/?quelle=jlink&query=KTagStG+SH&psml=bsshoprod.psml&max=true&aiz=true* (zuletzt aufgerufen am 19.04.2012)

- **Landesregierung Nordrhein Westfalen: neues Kindergartengesetz: Mehr Geld, mehr Qualität, mehr Bildung, mehr Betreuung, mehr Flexibilität:** *http://www.nrw.de/presse/fruehkindliche-foerderung-wird-deutlich-ausgebaut-2617/*(zuletzt aufgerufen am 25.06.2012)
- **Landesverband Kindertagespflege NRW: Kinderförderungsgesetz KiFöG:** *http://www.landesverband-kindertagespflege-nrw.de/pdf/kjhg_zusammenfassung_2008-11.pdf* (zuletzt aufgerufen am 06.06.2012)
- **Ministerium für Familie, Kinder, Jugend, Kultur und Sport des Landes Nordrhein-Westfalen:**
  - **Das Kinder-Bildungs-Gesetz KiBiz:** *http://www.mfkjks.nrw.de/web/media_get.php?mediaid=17223&fileid=50840&sprachid=1* (zuletzt aufgerufen am 15.06.2012)
  - **Kindertagespflege in Nordrhein-Westfalen:** *http://www.mfkjks.nrw.de/kinder-und-jugend/kinder-in-nrw/kindertagespflege.html* (zuletzt aufgerufen am 28.06.2012)
- **Ministerium für Integration, Familie, Kinder, Jugend und Frauen des Landes Rheinland-Pfalz – Kita-Server: Kindertagesstättengesetz:** *http://kita.bildung-rp.de/fileadmin/downloads/PDF_s/Kitagesetz200209.pdf* (zuletzt aufgerufen am 02.06.2012)
- **Ministerium für Innovation, Wissenschaft und Forschung des Landes Nordrhein Westfalen: Das Hochschulrahmengesetz (HRG):** *http://www.wissenschaft.nrw.de/objekt-pool/download_dateien/hochschulen_und_forschung/HRG_20041231.pdf* (zuletzt aufgerufen am 06.06.2012)
- **München.de: Kindertagespflege in Familien:** *http://www.muenchen.de/rathaus/Stadtverwaltung/Sozialreferat/Jugendamt/Kindertagesbetreuung/Kindertagespflege.html* (zuletzt aufgerufen am 30.06.2012)

- **Niedersächsisches Vorschriften-Informationssystem (NI-Voris): Gesetz über Tageseinrichtungen für Kinder (KitaG)** *http://www.nds-voris.de/jportal/portal/t/xxy/page/bsvorisprod.psml;jsessionid=51D5F0336EC64DF9A52F9855D8DE3B95.jp94?doc.hl=1&doc.id=jlr-KiTaGNDrahmen%3Ajuris-lr00&documentnumber=1&numberofresults=31&showdoccase=1&doc.part=X¶mfromHL=true#focuspoint* (zuletzt aufgerufen am 01.06.2012)
- **PME Familienservice GmbH:** *https://www.familienservice.de/web/ferienprogramme/konzept* (zuletzt aufgerufen am 28.-06.2012)
- **Sachsen.de – Sächsisches Gesetz zur Förderung von Kindern in Tageseinrichtungen (Gesetz über Kindertageseinrichtungen – SächsKitaG):** *http://www.revosax.sachsen.de/Details.do?sid=9281114171444* (zuletzt aufgerufen am 02.06.2012)
- **Sozialgesetzbuch.de - §24: Ausgestaltung des Förderungsangebotes in Tageseinrichtungen:** *http://www.sozialgesetzbuch.de/gesetze/08/index.php?norm_ID=0802400* (zuletzt aufgerufen am 29.06.2012)
- **Stadt Köln: Elternbeiträge für die Kindertagespflege:** *http://www.stadt-koeln.de/buergerservice/themen/kinder-jugend/elternbeitraege-fuer-die-kindertagespflege/* (zuletzt aufgerufen am 09.06.2012)
- **Stadt Oldenburg: Wegweiser Kindertagesbetreuung:** *http://oldenburg.betreuungsboerse.net/index.php?m=22&hid=362#Kindertagespflege* (zuletzt aufgerufen am 02.07.2012)
- **Statista.de. Anzahl der Studenten an deutschen Hochschulen von Wintersemester 2002/03 bis Wintersemester 2010/11** *http://de.statista.com/statistik/daten/studie/221/umfrage/anzahl-der-studenten-an-deutschen-hochschulen/* (zuletzt aufgerufen am 02.07.2012)
- **Statistisches Bundesamt**
  - **Kinder- und Jugendhilfe – Kindertagesbetreuung regional 2008:** *https://www.destatis.de/DE/Publikationen/Thematisch/Soziales/KitaRegionalKarten2008.html* (zuletzt aufgerufen am 05.05.2012)

- **Kinder- und Jugendhilfe - Unter 3-Jährige in Tagesbetreuung:** *https://www.destatis.de/DE/Zahlen Fakten/GesellschaftStaat/Soziales/Sozialleistungen/Kinder Jugendhilfe/Aktuell_Kindertagesbetreuung.html?nn=50842* (zuletzt aufgerufen am 06.05.2012)
- **Personal an deutschen Hochschulen 2010:** *https://www.destatis.de/DE/Publikationen/Thematisch/ BildungForschungKultur/Hochschulen/Personal Hochschulen2110440107004.pdf?__blob=publicationFile* (zuletzt aufgerufen am 27.06.2012)

- **Studieren.de – Studiengebühren in Deutschland**: *http://studieren.de/studium-studiengebuehren.0.html* (zuletzt aufgerufen am 23.06.2012)
- **Studis online: BAföG-Rechner:** *http://www.bafoeg-rechner.de/Rechner/* (zuletzt aufgerufen am 15.06.2012)
- **Süddeutsche Zeitung: Hort oder Mittagsbetreuung: Im Westen fehlen Ganztagsschulen** *http://www.sueddeutsche.de/karriere/hort-oder-mittags betreuung-im-westen-fehlen-ganzttagsschulen-1.1238619* (zuletzt aufgerufen am 20.06.2012)
- **Thüringer Ministerium für Bildung, Wissenschaft und Kultur: Thüringer Kindertageseinrichtungsgesetz:** *http://www.thueringen.de/de/tmbwk/kindergarten/recht/thuerkitag/ content.html* (zuletzt aufgerufen am 25.06.2012)
- **TU Dortmund – Zentrum für Hochschulbildung ZHB:** *http://www.hdz.tu-dortmund.de/woe/* - und weiterführende verlinkte Seiten (zuletzt aufgerufen am 15.05.2012)
- **Unicum.de – Lebenskostenrechner Deutschland:** *http://www.unicum.de/studienzeit/service/lebenskostenrechner/ toplist.php* (zuletzt aufgerufen am 03.06.2012)
- **Universität Köln: Dual Career und Family Support (CFS):** *http://verwaltung.uni-koeln.de/abteilung13/content/cfs/ index_ger.html* (zuletzt aufgerufen am 26.06.2012)
- **Universität Stuttgart:**
  - **Chancengleichheit und Gleichstellung:** *http://www.uni-stuttgart.de/gleichstellungsbeauftragte/kinder/ belegplaetze/index.html* (zuletzt aufgerufen am 16.06.2012)

- **Belegplätze:**
  http://www.uni-stuttgart.de/gleichstellungsbeauftragte/kinder/belegplaetze/index.html (zuletzt aufgerufen am 01.07.2012)
- **Ver.di: Der wissenschaftliche Mittelbau an deutschen Hochschulen – zwischen Karriereaussichten und Abbruchtendenzen – eine ver.di-Studie:**
  http://www.zewk.tu-berlin.de/fileadmin/f12/Downloads/koop/tagungen/wiss_prekariat_09/verdi.2.Presseerkl_rung.27.2.09.pdf (zuletzt aufgerufen am 27.06.2012)
- **Vereinigung Hamburger Kindertagesstätten GmbH: Bewilligung und Kosten von Kindertagesbetreuung**
  http://www.kitas-hamburg.de/bewilligung/index.html (zuletzt aufgerufen am 24.04.2012)

Zeitfracht Medien GmbH
Ferdinand-Jühlke-Straße 7
99095 Erfurt, Deutschland
produktsicherheit@kolibri360.de